婚姻需要经营：幸福的真谛

[墨西哥] 苏珊·佩奇（Susan Page） 著
柳晓萍 译

江苏凤凰科学技术出版社 ·南京

江苏省版权局著作权合同登记 图字：10-2022-456 号

图书在版编目（CIP）数据

婚姻需要经营：幸福的真谛 /（墨）苏珊·佩奇著；柳晓萍译．— 南京：江苏凤凰科学技术出版社，2023.1

ISBN 978-7-5713-3146-7

Ⅰ．①婚… Ⅱ．①苏… ②柳… Ⅲ．①婚姻－通俗读物 Ⅳ．① C913.13-49

中国版本图书馆 CIP 数据核字 (2022) 第 149854 号

婚姻需要经营：幸福的真谛

著　　者	［墨西哥］苏珊·佩奇（Susan Page）
译　　者	柳晓萍
责任编辑	汪玲娟
助理编辑	潘文雪
责任校对	仲　敏
责任监制	刘文洋
出版发行	江苏凤凰科学技术出版社
出版社地址	南京市湖南路 1 号 A 楼，邮编：210009
出版社网址	http://www.pspress.cn
印　　刷	南京海兴印务有限公司
开　　本	718 mm × 1 000 mm 1/32
印　　张	9
字　　数	300 000
版　　次	2023 年 1 月第 1 版
印　　次	2023 年 1 月第 1 次印刷
标准书号	ISBN 978-7-5713-3146-7
定　　价	52.00 元

图书如有印装质量问题，可随时向我社印务部调换。

前言

在我出版了第一本书《你如此优秀，为何还单身》以后，当第一百个读者大笑着告诉我："苏珊，我已经为你的下一本书想好了一个完美的书名——《为什么优秀的人也会结婚》。"我的脑海中就萌生了写这本书的念头。

当时，出于礼貌，我轻声地笑了笑，但在内心深处，我却不知道这有什么好笑的。听过几十遍这样的建议后，我开始觉得很悲伤。我想对这些人说："如果你对婚姻不满，为什么不做点儿什么呢？"

我开始搜索文献，查找有关幸福婚姻的书籍。但这些书只是告诉你如何挽救糟糕的关系，让它变得可以忍受。读的书越多，听到的黑色幽默越多，我就越是下定决心要向全世界宣告，我和我的丈夫在一起非常幸福，我认为大家把获得幸福婚姻这件事复杂化了。

我会首先讲述我和迈耶的故事，以及我们在这充满大事的、携手共度的12年里学到的一切。但我们并不是那些消极的人所认为的例外，所以我一直写道："这并不罕见，我们的朋友鲍勃和珍妮也有过类似的经历。"当我开始和鲍勃、珍妮及其他人分享我的想法时，我们就亲密关系这个话题进行了热烈的讨论。我很快就意识到，我能从其他幸福伴侣身上学到很多。后来，当我开始寻找幸福伴侣进行采访时，各种信件就像雪花一样纷纷涌来。

这本书的主要观点也是我多年来为前来咨询的伴侣提供专业咨询的成果。我和我的同事罗丝安妮·帕卡德在加利福尼亚大学伯克利分校创立了美国第一个大学校园人类性学研究项目。我们在找我咨询的年轻伴侣身上发现，抛开那些关于人际关系和生活"应该怎样"的先入为主的想法，是获得美好生活和幸福感的一个基本要素。

在我担任一家家庭暴力预防机构的主任期间，我不断地获得新的经验和体会，也了解到一些伴侣对于平淡婚姻的将就。我对伴侣之间关系不一样的看法，促使我后来开办了亲密关系工作室。

我所有的工作都以格式塔心理学和生物能量疗法中大量的训练为基础，正如我在第一本书里说的那样：

> 格式塔（源自德语，大致意思是"整体"）理论指出，在日常生活中，大多数个体变得支离破碎，也就是说，他们意识不到分裂了自己的某些方面。例如，如果一位女士在一个会对愤怒情绪进行严厉惩罚、要求无论如何都要保持礼貌的家庭中长大，那么她可能完全无法意识到自己内心隐藏的愤怒。或者，如果一个男人接受的教育告诉他，永远不能哭，要始终保持着"控制一切"的态度，那么他可能完全无法意

识到自己柔软、脆弱的一面。格式塔疗法是弗里茨·珀尔斯提出的理论。它运用各种方法帮助个体找回失去的自我，使其变得更“完整”，从而成为一个更完善的人。

这些年我在工作室中学到的大多数知识将呈现在接下来的章节里。此外，我也借鉴了我曾经深度访谈的 32 对幸福伴侣的经历以及我自己丰富的经历：持续 8 年的第一段婚姻、痛苦但最终让我有了许多领悟的离婚过程、6 年的单身生活和与现任丈夫在一起的时光里经历的快乐和挑战。

我和迈耶相遇时，我们都 37 岁了。我们都结过婚，也都在有意识地按照计划寻找新的婚姻伴侣。当我遇到迈耶时，我觉得他是个好人，但不是我喜欢的类型。我想找一个大学教授，一个拥有博士学位并得到公众认可的人。当迈耶告诉我他是一个陶艺师时，我还以为他在委婉地表示自己是一个辍学的无业游民，在车库里做马克杯然后拿到跳蚤市场上出售。我和他有过三次 2 个小时的约会（午餐、早餐或喝咖啡），因为我有一个原则，在我确定想投入一段关系之前，我不会和约会对象在晚上约会。我们的第四次约会是吃早餐，那次约会持续到晚餐甚至更晚，从那以后，我们就分不开了。

我很快就知道，真的有一种叫专业陶艺师的职业。迈耶已经靠这个工作谋生了 20 年，而且他在业界相当有名。他为我开启了一个精彩的装饰和手工艺术的新世界。

我们一开始遇到了几个挑战。首先，相遇时我们都处于职业转换期，为了把更多注意力放在我的亲密关系工作室和写作上，我刚刚辞去了一个儿童虐待预防机构执行董事的职位。迈耶决定不再制作功能陶器，这样他就能全职从事瓷器艺术创作。我们互相鼓励对方追求自己真正的梦想，即使这意味着我们的经济状况会不稳定，情绪也会因此而变得焦虑。

迈耶的儿子加布当时和他住在一起，当我进入他们的生活时，他只有11岁。我很高兴能加入这个可爱的男孩的生活。但我太天真了，没有考虑到让加布接受我有多难，因为在他眼里，我会分走爸爸对他的爱。但因为我坚信专业帮助在这类事情上的作用，所以我们一结婚就开始接受家庭心理治疗。这真的很有帮助。比如,当迈耶在忠于加布和忠于我之间左右为难，不知道如何处理加布对于我的排斥时，治疗师明确地告诉我们，加布最需要的是规则和始终如一的信息，迈耶必须明确地告诉加布，我现在已经是家庭的一分子。对我来说，我很难不把加布的拒绝放在心上。我必须一次又一次地得到肯定，以确保问题不是出在自己身上。即便我尽力讨得加布的欢心，但加布可能仍然不会欢迎我。如果我们试图在没有外力帮助的情况下开启新生活，我们就无法如此清晰地获得这些见解。

如果让刚结婚时的我们预测接下来多年的时间里会发生什么，我们可能会猜对一些事，但在另一些事情上就大错特错了。

当时，我们认为在婚后多年我们会增进对彼此的了解，增进亲密感和团结度。这确实没猜错。当我们在夏威夷庆祝12周年结婚纪念日时，我们觉得彼此之间从来没有比这个时候更放松、更和谐、更深爱对方了。在那里，我们做了一个关于个人价值观、态度和习惯的小测试，我从迈耶的角度替他回答问题，他则从我的角度替我回答问题。我们当时很惊讶，在绝大多数问题上，我们对彼此的看法完全符合我们对自己的看法，并且我们打的分数最多只差1分。

但许多事情也和我们12年前的预期很不一样。我们是重组家庭，我们预想我们会再要一个共同的孩子，但后来并没有。我们也从没想过，我会花 5 年时间参与迈耶的生意——和画廊进行业务洽谈、为杂志撰写文章、和他一起参加贸易展和画廊开幕仪式。我们更没有预料到，5 年后，当我在全国各地开办研讨班和讲座，工作变得繁忙时，迈耶会接管我的咨询业务管理工作，和我一起旅行，这让他有机会把他的古董爱好变成一门生意。

亲爱的读者，在接下来的章节里，你会对我们和我们的婚姻有更好的了解。遗憾的是，我不能更多地了解你和你的伴侣。即使我们从未见过面，你和我之间也有一种联系。在我写下这段文字的几个月里，我一直在想着咨询过我的伴侣和我将要面对的广大读者朋友。对我来说，表达我对婚姻的热忱是一种挑战，也是一种巨大的快乐。我希望你发现我写的东西对你真的有帮助。欢迎你提出宝贵意见。

目录

第二部分 尊重伴侣差异，巧妙解决分歧

引 言

婚姻是美好的

有两种人会读这本书。

幸福的伴侣会读——这样他们就能更好地了解自己，也会发现这本书能给他们带来新的乐趣和启发。

不幸福或只是有点儿幸福的伴侣也会读——他们想知道这本书能否告诉他们变得更快乐和获得更满足的关系的秘密。

如果你属于这两种读者，你将会收获人生中最大的惊喜，因为这本书的确包含了幸福的秘密——虽然和你通常看到的那种形式不一样。它不会告诉你如何改变伴侣，不会教你掩饰自己的性格缺点和修补关系的技巧，不会直接给你一个对其他不幸福伴侣奏效的心理治疗方法。相反，它会告诉你为了获得更好的婚姻，你该成为什么样的人。

这本书描述了许多拥有美满婚姻的人，他们的童年并不都是快乐的，其中一些人的原生家庭甚至非常悲惨。他们并不都是人生大赢家，他们的生活也不总是精彩、幸运的，他们的伴侣也并不都是“完美”的。他们的共同之处在于，他们都被一些深刻而永恒的原则指引着——你将在接下来的阅读中发现这些原则。

我们对思想的恐惧可能是阻碍我们获得知识和幸福的最大障碍，欢迎你来和我一起探索一个全新的婚恋观。

首先，来看看我们要淘汰的悲观主义婚恋观吧。

悲观主义婚恋观

悲观主义婚恋观认为世界上没有真正幸福的婚姻，或者至少认为幸福的婚姻是罕见的，所以大多数的普通人，至少像我们这些有点儿神经质的人，永远不可能获得这样的婚姻。悲观主义者认为婚姻从来没有真正符合过我们浪漫的幻想，我们为了获得幸福婚姻所做的努力不过是徒劳而已。现实怎么可能符合一切不切实际的幻想呢？事实上，如果你对婚姻期望过高，那么你一定会失望。

悲观主义婚恋观认为婚姻是一件苦差事。即使你愿意做这份苦差事，你也一定会失望，因为婚姻的本质需要你做出巨大的牺牲。在现实世界中，结婚在一定程度上意味着妥协和理想的幻灭：

> 他不像一开始那么浪漫了。
>
> 她比我想象中的更苛刻。

我们不再亲密和浪漫。

我们相处得很好，但我们需要很多私人空间。

我们和其他所有人一样：爱情最开始的激情和兴奋感已经褪去。这是正常的，也是自然的。

悲观主义婚恋观认为，所有的婚姻都会经历不同的阶段。蜜月期结束后，伴侣就会开始为对方当初吸引自己的品质烦恼。他们会不可避免地经历一场令人沮丧的“权力”斗争。最终，婚姻会变成他们用来解决童年遗留问题的工具，而这当然会使婚姻变得痛苦不堪。对婴儿来说，“发育不良”是一个值得警惕的病症。但在婚姻中，很多人却认为这是正常的。

我们的生活中也有一些关于婚姻的黑色幽默。在喜剧俱乐部中，有人调侃：“我妻子 10 天前离开了我，但我打算满 2 周再开始庆祝。”最近流传的一个笑话是，问：“疱疹和真爱有什么区别？”答：“疱疹是永久的。”

事实上，这些笑话的笑点都建立在同一个观点的基础上：婚姻是一个陷阱。那些对自己的婚姻感到满意的人却认为像“婚姬生活不是一个词语，而是一种判决”这样的笑话并不好笑。这些笑话都在表达一种观点，即婚姻会摧毁任何幸福可能存在的迹象。比如，问：“你好像很想得到他的注意，那你为什么不嫁给他？”答：“因为我想得到他的注意。”

有一些笑话还带着性别歧视的意味。比如，问：“你知道世界上还活着的最厉害的独裁者是谁吗？”答：“何止知道，我还娶了她呢！”当然，这种笑话不仅建立在对婚姻的负面刻板印象上，而且会让这种刻板印象延续下去。

许多向我咨询的单身男士和女士都认为以下这句话是对的：“如果我投

入一段有承诺的关系，那么我失去的会比得到的多。”许多人认为，他们从来没见过真正幸福的婚姻。当我告诉朋友们我打算采访一些真正认为自己婚姻幸福的伴侣时，他们通常的回答是：“把仅有的几对都采访了应该不会太难吧。”或者：“你从世界的哪个角落里找到了这样的奇葩？”

悲观者认为，婚姻充其量只是一个大杂烩，有些婚姻确实“存活”了下来，但那些长期伴侣真的幸福吗？并不。只有在青春爱情小说或是相片记忆中，这种所谓的幸福才会存在。有些伴侣可能觉得他们很快乐，但其实他们只是拒绝承认出了问题。我们仍然想要得到美好的婚姻，但在内心深处，我们害怕幸福婚姻并不是真实存在的。

悲观主义婚恋观探析

让我们先来看看“婚姻从一开始就注定要失败”的悲观心态是如何形成的。

一个重要的原因是，几乎所有的婚姻专家都是心理学家或者婚姻咨询师，他们接受的培训和关注的点都不针对婚姻本身，而是针对婚姻病理学。这些人把所有的时间都用于研究那些对婚姻极度不满意的伴侣，然后写书描述他们是如何帮助这些伴侣的。我们读到的很多关于爱情和婚姻的文献都是临床心理医生写的，他们见到的只是普罗大众中的一小部分人，即婚姻关系艰难的伴侣，这是有偏差的样本。

这些书大部分是有用的——幸福伴侣也能从中受益。编写这些文章和书籍的临床心理医生的确是专家，而且我永远不会反对他们和我们分享他们的智慧。但我们不能从这些书籍和研究中推断出什么是“正常”的婚姻，这些描述不是关于爱，而是关于无法爱或缺乏爱。它们在无意间传达出这样一种信息：脆弱的婚姻是社会常态。

一些社会学家和记者也给我们传播这样一种观点，即婚姻是一种本质上就有缺陷的制度。“冲突和摇摆不定的态度同亲密和爱一样，都是家庭的本质。”这是一本盛行的大学婚姻家庭社会学教材的作者写的。她想让我们相信，婚姻的本质就是充满冲突的。读过这样一本书的人怎么会心甘情愿地投入“亲密关系”？事实上，这样的书鼓励单身人士继续保持单身状态，不论单身是否真的符合他们的最大利益。“婚姻带来的问题让结婚变得没有必要。”他们告诉自己，“婚姻中真正的快乐只能持续几个月。”他们读到的关于婚姻的一切都强化了这种令人沮丧的观点。

有一些心理学家和记者只描写有关婚姻消极的方面，说服我们婚姻是一件苦差事。不仅如此，我们自己也一直强化着这种观点。因为当我们相信某件事时，我们就会透过这种信念来看待整个世界。我们会很自然地关注那些能证明这种信念的人和事，然后引导婚姻往这种可能的方向上发展。

树立积极的婚恋观

这本书将告诉你，要想获得快乐的婚姻，你必须改变的不是你的婚姻，而是你的心态，这就是我们将要深入探讨的新观念。许多人正在享受着精彩的幸福婚姻，还有更多人也有这种潜能——只要他们愿意改变自己的内心。

“不过，看看婚姻咨询顾问有多忙吧！”你可能会说。

“还有，我从来没见过任何真正幸福的伴侣！”你看，悲观主义婚恋观又在作祟了，它可真顽固啊，不是吗？

请相信你和你的伴侣能够成为幸福快乐的一对，请对你们的关系充满真诚、热情和兴奋感！

“要是我的伴侣不是对的那个人该怎么办？”你可能会问，“要是我们什么都已经试过了，却还是没有用怎么办？”

“试”得越多，你似乎就越坚信自己的婚姻无望。本书将提出一种完全不同的方法，我把它称为“第二序改变”。也就是说，如果你保留自己现在对婚姻的看法，只是做出一些小改变，那么将不会发生任何有意义的变化。你必须改变的是自己对婚姻的全套观念。这是一种内在的转变，如果你能做到，你就能显著地改变自己的婚姻。这本书会告诉你该怎么做。

在某些情况下，婚姻确实应该终止，换一个伴侣其实是更恰当的解决方案。在我陈述完改变婚姻的主张后，我会深入探讨这个问题，并明确地指出这些极罕见的、应当终止的情况。

幸福婚姻

这本书不是科学研究报告。我深入地采访了 32 对觉得自己婚姻幸福并且非常快乐的伴侣，并和另外 40 对伴侣进行了交谈（他们在书中使用了化名）。这些伴侣并不是随机选择的，也没有统计学意义。我在这本书中想呈现的是一种“格式塔”，一种比各个部分之和还要更大的整体。幸福婚姻不仅是某种信念或某套行为模式，它是信念、情感、行为和态度组成的整体。当你深入了解幸福伴侣的经历后，你自己的信念体系可能会在无意中发生转变。这就像黎明到来或房间变暖，等你意识到这种变化时，它已经发生了。

通过观察真正幸福的伴侣，我希望呈现一个可信的格式塔。因为如果你相信自己的婚姻可以更幸福，你就会有动力让它变得更幸福。我认为，在此之前，阻碍你的不是你采用的方法，而是你的动力。如果你不相信婚姻可能有任何的改善，那么你就不会有动力改善自己的婚姻。只要你相信幸福婚姻的存在，你就会渴望获得幸福婚姻。

完美不美

在我的讲座中，我经常提到“完美婚姻”这个词，所以我会不可避免地被问到以下这个问题。“完美？”有人会问，“没有真正完美的婚姻，不是吗？你真的认为有完美的婚姻吗？”

我说的完美，不是指毫无瑕疵的完美，而是美得刚刚好的完美。

最近，我和一位有着35年婚姻的女士聊天，她说她有一段完美的婚姻。不出所料，有人对她的说法提出了强烈的反对。“哪有这种事，”有人说道，“没有什么关系是完美的，这是人类的本性。”“那你肯定是一个很能忍的人。”一位女士说道。

显然，这些人表达的都是他们自己对于关系的认知和观点。如果你不相信存在完美的关系，那么你永远不会看到这样的关系，当然也永远不会拥有。

这位女士的说法让我想起日本美学家柳宗悦讲述日本民间陶艺的一段话，我非常喜欢。他说：

> 真正的美不存在于完美或不完美之中，而是存在于一种无法用这种区别界定的境界中……精准的完美没有任何弦外之音，不允许任何自由形式的存在；这种完美是静止的、规律的、冰冷的、坚硬的。真

正的美必须有一定的空间，必须和自由联系在一起。自由，的确是美。对不规则的事物的爱象征了对自由的基本追求。

柳宗悦告诉我们，民间陶艺师并不想制作出完美无瑕的陶器。因为正是这种不完美，这种富于变化的主题才能造就真正的美。

婚姻也是如此。“完美”的婚姻不是指不会遇到挑战的婚姻，而是指有能力应对挑战的婚姻。

我们还能从民间陶艺师身上学到很多智慧。他们喜欢拭目以待，看神秘而强大的火焰会把他们参与创作但无法控制效果的陶器变成什么样，他们会根据产品本身的特点来评价它。他们不会问：“它和预期的样式一样吗？”而是会问：“我喜欢它吗？也许它并不完美，有自己的特点，但它美丽吗？”

同样地，我们必须学会接受生活的“火焰”给我们带来的缺点和不完美。也许你不像她那样热爱航行，也许因为他打呼噜，你们不得不分开睡。这就像一个自由创作的茶碗一样，你们的关系也会因为一些小特质变得更可爱。我们不应该用容忍的态度对待这些特质，而是应该真正快乐地接受它们。它们也是你的婚姻面貌的一部分。

换句话说，我们必须根据自己婚姻的特点来评价它。完美的婚姻不是符合他人设定的标准的婚姻，而是伴侣双方都得到满足的婚姻。

民间陶艺师也不会拿一个漂亮的茶碗和另一个做比较。他们不会说：“这个比那个更漂亮。”相反，每个茶碗都有独特的美，就像每段幸福婚姻都有独特的美妙之处。比较和竞争只会带来烦恼，因为必须有人去充当失败者。当你阅读这本书时，当你在现实生活中看到其他伴侣时，请克制拿自己的关系和他人的关系做比较的欲望。你是独一无二的，这是你的关系，这是生活的火焰给你带来的结果。你需要思考的是，如何利用你拥有的一切获得最幸福的婚姻?

问题不应该是“什么是完美的婚姻？”而是“什么是你的完美婚姻？”因为一个人对完美的定义可能和另一个人的大相径庭。你们双方都认可的就是适合你们的婚姻。**一段完美的适合伴侣双方的婚姻并不一定要符合任何一种常见的婚姻固有模式。**

我永远不会忘记在一次采访中，一位男士对我说以下这些话时眼里闪烁的光芒：“如果一个精灵走过来对我说，‘你现在有机会拥有世界上任何你最想要的伴侣和婚姻’，你知道我会对它说什么吗？我会告诉它：‘精灵，回到瓶子里去吧。我已经有了世界上我最想要的伴侣和婚姻。’”

这位男士有一段“完美”的婚姻。这段婚姻可能也有缺点和妥协，但这对于他来说是完全满意的，他很快乐。他的婚姻就像一个茶碗，虽然茶碗被火焰上了釉色，改变了形状，拥有了许多特点，但它的不规则给予人们极大的满足，彰显出极致的美。

幸福伴侣

找到愿意接受本书采访的幸福伴侣并不难。他们毛遂自荐的程度不是我用三言两语能够形容的。他们觉得自己可以为这本关于幸福关系的书做出许多贡献，并且也为能够花时间做这件事感到由衷的快乐。采访结束后，他们经常给我打电话，告诉我一些生活趣事或者他们过后想到的一些观点，并且希望我能把它们写进书里。

除了一对伴侣外，其他伴侣在一起的时间都超过 7 年了。其中 5 对伴侣没有孩子，其余伴侣有 6 个月到 35 岁大的孩子。这些伴侣代表了来自各种背景和各种职业的人群，我知道你会喜欢他们的故事。

再次强调，欢迎你参加冒险之旅，一同探索幸福的真谛：婚姻是美好的。

第一部分／树立积极观念，拥抱幸福婚姻

第一章

渴望、信念、承诺

你希望自己婚姻的幸福指数达到多少？

如果地球上最幸福的伴侣的幸福指数是 100，从 1 到 100，你愿意努力争取的幸福指数是多少（请选择一个数字）？

你相信自己和伴侣在一起能这么幸福吗？

假设你知道自己的幸福指数能达到 100，你愿意为了这个目标采取任何必要手段吗？

你对这些问题的回答将有力地表明你成为幸福伴侣的潜力。请听我的解释。

“绝大多数婚姻问题都是沟通不畅造成的”，这种说法在如今已经过时。事实上，不幸婚姻存在更深层次的原因。因为大多数伴侣都没有意识到这一点，所以他们要么诉诸快速修复关系的途径，最后陷入死胡同，要么把具有潜在价值的关系丢到垃圾堆里。这是因为许多伴侣对彼此以及彼此之间的关系持强烈的摇摆不定态度，虽然他们可能没有意识到这一点。

幸福伴侣不存在这种摇摆不定的矛盾心理。他们的幸福以及他们关系中所有美好品质，都来源于他们对能够长相厮守的渴望，对彼此关系的完全信任以及对共同生活的绝对承诺。他们在婚姻的旅途中从未迟疑或是停下。

“但他们肯定是少数几个能找到近乎完美伴侣的幸运儿。”你可能会这样说。或者说：“这是因为他们没有被不幸的童年伤害。”又或者说：“他们在婚姻的旅途中从未迟疑或是停下，是因为他们在一起很快乐！这对他们来说很简单！”

但这些只是局外人看到的表象。实际上情况恰恰相反：幸福伴侣在一起很快乐，是因为他们在婚姻的旅途中从不会迟疑或者停下。他们全身心地投入婚姻中，并欣然接受他们共同拥有的一切。

长久以来，大部分伴侣，甚至是从事婚姻辅导工作的人，都忽视了这个重要的区别。大多数人认为，幸福伴侣只是更般配。但幸福伴侣的婚姻也有压力和分歧，他们也会抱怨彼此、发脾气、情绪低落、对彼此失望。他们一开始的情况和我们别无两样，但他们不会让这些潜在的障碍主导整段关系。他们总是内心坚定、目光长远。他们渴望快乐，拥有自己可以变得快乐的坚定信念，并且对彼此有坚定不移的承诺。

因为他们的渴望、信念和承诺，幸福就自然而然地流露出来。如果一对伴侣拥有这些品质，他们就很可能会幸福，即使他们没有掌握许多其他经营关系的技巧。如果他们没有渴望、信念和承诺，其他所有经营关系的技巧和见解也不太可能使他们的关系产生关键性的变化。

例如，幸福伴侣彼此之间确实非常聊得来。但这并不是因为他们生来就有“良好的沟通技能”，或者因为他们上研讨班学习过沟通技能。他们聊得来是因为他们对沟通有着热忱、坚定的渴望。

对于那些暗暗摇摆不定的伴侣而言，学习“沟通技能”只不过是掩耳盗铃，用于掩饰他们关系中缺乏对沟通的渴望的基本事实。

渴望、信念和承诺是幸福伴侣建造“爱巢”的重要基础。有了这些基础，我们就能经受住生活中袭来的狂风暴雨。

“但是，”你可能会说，“渴望、信念和承诺，这些东西太复杂了！首先，它们要么存在，要么不存在，这些品质不会因为我们的意志而转移，不是吗？”

你怎么判断自己是否暗暗摇摆不定？如果是，你该怎么做？如果你没有渴望、信念和承诺，又该怎么做才能“获得”它们？

为了找到这些问题的答案，我们必须分别审视渴望、信念和承诺。因为虽然它们互相联系，但却是完全不同的品质。让我们先来看看在幸福关系中应该存在的渴望吧！

渴望

为了达成有价值的目标，你必须对目标产生熊熊热情，否则，在追求目标的过程中，你很可能会被那些一定会出现的困难打倒。

正是对成功的不懈追求，才使得企业家在亏损严重和失误重重的头三年里百折不挠，最终赢得辉煌事业。如果他摇摆不定，最开始的一点儿小挫折就可能打败他，他会不禁发问：“我的追求值得吗？”

幸福伴侣不会问自己：“这值得吗？”他们不会纠结于“我真的享受这段关系吗？”“我真的想投入任何关系吗？”“这是我应该在一起的对象吗？”等问题，因为他们已经有了答案。

他们渴望和伴侣在一起，并且对这段关系充满激情。他们对能够两相厮守雀跃不已，时常感慨：“我们为什么这么幸运？如果没有你，我会在哪里？如果我是别人，我会羡慕现在的自己，因为可以和你在一起。”幸福伴侣会对彼此说这些话，不仅在相遇后的第一年里会说，而且还会在接下来的几十年一直这样说。他们就是那个抓到了许愿精灵却对它说“回到瓶子里吧，因为我想要的都已经有了”的人。

我采访的一位女士爱上一位男士才2个月，就已经开始期待和他结婚了。她37岁，和第一任丈夫有过7年的婚姻，之后单身了7年。我问她：“你怎么知道这次是对的人？”她的回答是这样的：

> 相爱是让我们狂喜的一大因素。我们想和彼此结婚，对彼此怀有激情。我们相遇以后我才意识到，我这些年梦想和期盼的正是现在这种情形：找到一个令我毫不迟疑的人，而他也对我有一样的感觉。我指的是彼此之间完全没有保留和迟疑，这就是快乐！

幸福伴侣对彼此充满激情，并且能够在多年的关系中保持这种激情。有一位79岁的女士，她的婚姻已经走到第56个年头了，她的丈夫现在83岁。她告诉我：“看到他走进房间，我还是会立刻变得开心起来。当他打完一下午桥牌回到家时，我会亲吻他。当他告诉我牌局情况时，我还是会兴奋不已。”

与对彼此有明确而热忱的渴望完全相反的是摇摆不定——猜忌、怀疑、害怕。比如以下这些情况：

> 我爱戴维，但在这段婚姻的大多数时间里，我感到太孤单了。
>
> 我爱萨拉，但她不愿意承担她该做的那部分家务活，我很愤怒。
>
> 我爱比尔，但我无法忍受他对孩子大呼小叫的样子。我就是厌恶他那样。
>
> 我爱朱迪，但大约在一半的时间里，我觉得结婚完全就是个错误。我觉得被困住了。

不过从某种程度上来说，摇摆不定是我们对于今天这个令人困惑的世界的一种自然且正常的回应。如今，生活方式的选择多种多样，离婚现象也越发普遍，太多选择占据了我们的时间，分歧和妥协的不断出现，所有这些都使我们容易在婚姻中偶尔甚至在大多数时间里摇摆不定。

休格是一名 29 岁的模特，已经结了两次婚。她告诉我：

> 我打算把这段婚姻维持下去，我们也都想要孩子。但说实话，我觉得我嫁给他那会儿可能有点儿着急了。这段感情刚开始时我们有许多火花，但现在他更爱高尔夫球而不是我。要是哪天我喜欢上了别人，我一点儿都不会感到意外。我确实在考虑和忧虑这种可能性。他肯定不会察觉到，我也不能想象自己要和一个完全不在乎我的人一起生活一辈子。

休格依然保留着自己的选择，这种做法让她更有底气。但其实她已经放弃了自己的婚姻,她的心正飘向别处。她认为自己在婚姻中不能如愿以偿，也没有忠于婚姻的承诺。摇摆不定让她感觉良好,但她正为此付出重大代价：得到一段平庸的婚姻。

“可我又没法假装有激情！”你可能要说，“要是我真的摇摆不定该怎么办？要是我犹豫、猜忌、不满怎么办？要是我们一直合不来怎么办？”

你问到点儿上了！这就是我们讨论的主题。你说得很对：认为可以通过主观意愿改变犹豫不决的想法是不现实的，因为你摇摆不定的背后一定有充分的原因。这种感觉是真实的，是现实问题造成的，不会因为你的意志而消失。

所以，如果说与伴侣长相厮守的渴望是幸福婚姻的基础，而你却没有这种渴望，你该怎么做?

答案其实很简单：你必须学会在摇摆不定时采取行动。承认自己摇摆不定，但不要受它的支配。减少它对你的影响，下定决心获得自己真正想要的事物，不要让摇摆不定成为你的绊脚石。

例如，某些想生孩子的伴侣有时候也会“摇摆不定”。他们想要一个完整的家庭，但对于即将到来的责任和可能被打乱的生活存在一些犹豫。最终，每一对伴侣都会做出决定。如果他们生了孩子，可能还是会因为这个生活中的重大变化感到纠结。如果他们没生孩子，也同样可能因为这个空白发愁。但是从另一个方面来说，他们都在摇摆不定时采取了行动。

那么，如果你处于一段激情不再的婚姻，究竟该如何“在摇摆不定时采取行动”？

你必须改变自己的行为。即使不喜欢，你也要表现出想和伴侣一起发展一段美好关系的强烈渴望。找到一些小办法，让自己表现得像富有激情的伴侣一样。新的行为通常会带来新的感受。

我的建议是，有意识地表现得和平时不同，扮演一个积极的新角色。这可能需要你付出巨大的努力，因为这会一反你的惯常做法（也就是对婚姻中你感到不满的地方念念不忘），但你最终会变得更快乐。

假设你和伴侣之间最主要的问题是对方是一个工作狂。你们几乎从不一起享受二人时光，你觉得对对方而言，工作排第一，你排第二。（如果你愿意，可以把这个例子换成你自己真实的例子。）你对于你们之间关系的分析是正确的，每个人也都能看出来你们之间的问题。但问题是，因为执着于分析，你正在付出巨大的代价。你对问题的定位是正确的，但你不懂得爱，不懂得体谅，不懂得理解。所以你的伴侣不会因为你的耐心感激你，你也无法看到，当你摒弃偏见采取更宽容的态度时，伴侣会作何反应。你没办法尝试不同的解决方案，因为一旦发生任何变化，你可能会感到丢脸，你对问题的分析也可能不再准确。

也许你确实是对的。但谁在乎呢？只要你继续执着于证明自己是对的，伴侣是错的（或执着于自己的界限），你就排除了改变这些事情的可能性。当然，做正确的一方确实对你有所帮助，这样会让你感到安全，让你不必冒任何改变自己的风险。

以下是一个可能让你感到意外的小实验。带着真诚开放的态度问问周围的人吧，问那些了解你和你的伴侣的人，是否认同你对自己婚姻问题的分析。你可能百分之百确信自己是正确的一方，但如果理智的人都不认同你，那么很有可能还存在其他合理的分析。这也意味着你并不是百分之百正确，也许你只对了一半。

试试看是否可以放弃自己的立场，把它当作一次实验。这可能会有点儿可怕，因为你的立场定义了你的整个世界和身份。不过，你可能会发现，你对问题的定义和为了证明自己正确而投入的精力都是你的防御机制。你的很多行为，是为了让自己逃避那些隐藏在自己坚强的、光鲜的外表下的真实问题和感受。

卡罗琳曾有过一段 18 年的婚姻。我采访她时，她已经离婚 7 年了。她是一名小学教师，有 5 个成年子女。她对婚姻的反思如下：

> 我真的不爱我的丈夫，我甚至不确定自己是否爱过他。当时我急着结婚成立家庭，自尊心也不那么强。他看起来像是一个会赚钱的好男人，但我从一开始就对他感到不满。他脾气暴躁，控制欲强，命令我做这做那，对孩子们大吼大叫。我以前常常花好几个小时向朋友们抱怨他所做的令人讨厌的事。朋友们觉得他确实有些缺点，但我的一些朋友非常喜欢他。现在回想起来，我把所有事情都怪在他身上，但事实上，我当时并不是一个爱他的妻子！我曾以为我不爱他是因为他是个粗鲁的人，但现在我才发觉，如果我爱他，他可能会愿意解决一些问题。他为什么要为我付出呢？我那时对他那么冷漠，没能看到他的优点。我从未要求他改变我不喜欢的那些缺点。我执着于证明他是一个糟糕的人，对其他选择视而不见。

卡罗琳获得了安慰奖：她确实说对了，她的丈夫是一个控制欲强、不理智的人。

如果她当初能够有所改变，能够表现得像一个希望自己婚姻幸福的人，哪怕她只这样做了一天，也许就能获得今天的这种见解。甚至如果她只这样做了一个小时，摒弃所有偏见，“假装”（表现得好像）对伴侣充满爱意，也许有些事情就会开始转变。

如果没有对幸福婚姻的渴望，没有调整自己的行为并为幸福婚姻创造条件，那么所有沟通技能和协商，所有讨论，甚至世界上所有对伴侣的心理治疗，都不会带来任何变化。渴望、信念和承诺不是幸福婚姻的唯一要素，但它们是必要条件。

“不过，”你可能会问，“‘假装’不就是欺骗吗？做真实的自己，表达出自己真实的情感，不是很重要吗？”

试着改变自己的感受或是有意识地尝试，表现得好像你感受到了新的东西，不同于有意或无意地欺骗自己或他人。当你表现得好像自己对婚姻和伴侣充满热情时，你是在做实验，而不是在制造假象或欺骗他人。

做实验的美妙之处在于，你永远不会失败，因为实验的目的是收集数据。因此，如果你想表现得自己好像很热情，但发现没法做到，反而宁愿花时间思考一下婚姻中的问题，那么你的实验就不算失败。相反，你已经成功地认识到，自己现在还没有为这个实验做好准备，从某种程度上来说，你其实更愿意思考自己的问题。这些数据对你而言十分重要，也非常有意义。观察这些数据，它会告诉你什么是你真正想要的，或者你为哪方面做好了准备。实验的奇妙之处也在于，你不会事先知道将要发生的事。

我们假设一下，你在表现得好像对婚姻有激情的1周里会发生什么？1周后，也许你会发现自己确实产生了一点儿激情，也许你会伤心不已，会哈哈大笑，会极度气愤，会感到宽慰，会……谁知道会发生什么呢？你可能知道自己会有什么感受，但在进行实验前，你其实并不知道。做实验的人，在实验结束时往往会有意想不到的收获，这就是为什么说实验是一份礼物。

怀着热情体贴伴侣会带来新行为，新行为会产生新结果，新结果可能会带来新感受或新见解，或者至少会为你和伴侣或朋友的讨论提供新内容。

本和露丝是我采访的幸福伴侣中的一对，他们自己发现了“假装”的重要性。他们已经结婚 24 年了，丈夫是公司副总裁，妻子是大学历史系教授，他们有 2 个十几岁的孩子。本告诉我以下这个故事：

当露丝决定回学校读历史系研究生时，我崩溃了。我试着支持她的想法，但其实我真的很抗拒。考虑到我们的财政状况、计划安排、照顾孩子的责任，我觉得我们做不到。

那是一场危机：我感到自己被抛弃了，而露丝因没有得到我的支持而觉得受伤。我们大吵了几次，这对我们来说很少见。一次吵架过后，我们冷静了几个小时，然后我产生了一个念头。我意识到，没有支持露丝的决定让我愧疚。在我的想象中，我会为她感到骄傲，会成为一个支持她的男人，愿意负责煮饭和打扫房子。当时的我并不是这样想的，但我愿意试着表现得好像自己是这样想的。我告诉自己，我会继续和露丝谈谈我的感受，同时也会试着假装自己感觉良好，支持她的计划。接下来发生的事情令我感到惊讶：我发现自己会因为亲手煮的几顿简餐而自豪不已。当我和他人交谈时，我“假装”自己以露丝为傲，为她感到高兴，然后我发觉这种感觉很大程度上是真实的。“假装”得越多，我就越发现我们真的能做到，我的感受也越来越不同。

想要获得幸福但摇摆不定的伴侣们，可以表现得好像想要幸福地生活在一起的样子，因为这也许真的能帮助你们走向幸福。

为了孕育和培养渴望，你必须尝试让自己怀有渴望。尝试 1 个小时，1 天，或者 1 周以后，某些方面肯定会有变化，但具体会有什么变化完全是一个惊喜。

在这本书中，我会提出一些你可能想试试的“实验”。正如我之前所说的，因为实验的目的是收集数据，所以它永远不会失败。当你做完某个实验，你就会对自己有新的认识，这就是我建议你进行实验的原因。在我个人的生活中，每当我发现自己陷入死胡同时，我就会设计一个实验帮助我跨越障碍，获得新视角。我常常会对自己最终发现的结果感到十分惊喜，这些结果出乎我的意料，但总是富有启发性。

鉴于许多实验（但不是全部）需要书写，你可能需要一个小的笔记本或日记本来记录实验。这样一来，你就能把实验汇总到一起，还能回过头翻看那些你觉得有用的实验。此外，请注明实验的日期。几个月或几年后再次进行实验是实验最有意义的地方。

实验 1　在婚姻里，你最担心什么

1. 你在婚姻中最担心的是什么？换句话说，你的婚姻不如想象中那么令人满意或幸福，原因是什么？花几分钟进行头脑风暴，列出你可以想到的任何内容。

2. 接下来，给清单上的每项内容划分 1~5 的等级：

1= 我对这个原因没那么执着，我可以划掉这个原因，我认为我们可以改善这个情况。

5= 我百分之百地确信我对这个原因的判断是正确的，让我改变想法几乎不可能。

3. 如果地球上最幸福的伴侣的幸福指数是 100，从 1 到 100，你希望自己的婚姻幸福指数达到多少？写下一个数字，然后写一段话形容一下如果你的婚姻幸福指数达到这个数字时，具体情形会是什么样的。

信　念

幸福伴侣相信他们可以达到自己追求的幸福程度，相信幸福婚姻在理论上是有可能的，并且对他们来说是有可能的。但有一些伴侣不相信这种可能性，他们认为，想从婚姻中得到的东西不存在于这个世界，认为真正幸福的婚姻只是凤毛麟角，大多数普通人一辈子都不会获得。阅读这些关于幸福伴侣的书只是在读其他人的经历，他们不应该对拥有这样的经历抱有期望，因为肯定会失望。

但别着急。众所周知，信念会影响体验，即使你的信念并不是真的。如果萨莉相信自己是只“笨鸟”，那么即使她智商很高，成绩也不会好。她对自己的信念会影响她的行为。一位医生告诉一个患者，他再也走不了路了，但这个患者相信自己能——最终他真的能走路了。如果患者不相信自己能走路，他甚至连试都不会试。

对关系的信念也是同样的道理。如果你全盘相信那些婚姻关系平淡的人传达给你的关于伴侣关系的负面信息，你对自己的伴侣关系所抱有的期望也不会高。紧接着，因为靠信念采取行动是人的本性，你就会关注自己感到冷淡或不满的时候，忽略自己感到快乐的时候，然后进一步增强信念，认为婚姻平淡乏味。你会觉得自己的判断是对的，婚姻就是很难。你会继续保留这种想法，然后，当你的信念体系足够强大时，它就会取代你的实际体验。

大多数信念的强化都是在潜意识层面发生的。因为你并不总是清楚自己相信什么，你也不知道自己可以选择相信什么。

但你可以选择。

如果你想拥有幸福婚姻，你就要想办法让自己相信幸福婚姻是有可能的，并且你是可以拥有的，即使有迹象表明可能会事与愿违。

如果你已经不相信幸福婚姻的存在，那么要改变你的信念并不容易。为什么？因为正如我们看到的那样，悲观主义者认为，幸福婚姻很稀有，几乎不可能得到，并且婚姻是个苦差事，大多数伴侣在一起时只能期待一些“适度”的快乐，而我们也很难摒弃这种文化偏见。

让我们把问题简单化吧。你不必相信每对伴侣都会幸福，要想成为幸福伴侣，你只需相信你和你的伴侣有这个潜力就足够了！并且你们拥有的不只是适度的快乐，而是极其幸福地生活在一起，深深地爱着彼此。

我在这里提出的是一个比较激进的观点：如果你能改变自己的信念，你就能改变自己的体验。不过这个观点并不新颖。举个例子，美国心理学家威廉·詹姆斯就曾说过："我们这一代人最伟大的思想革命在于，人类可以通过改变内在态度改变自己外在生活的各个方面。"

让我们看看另一种选择。如果你接受这些貌似无法反驳的证据，相信婚姻很难，只能求个平平淡淡，不能抱过多期望，那么会发生什么？当你发现自己的婚姻的确很难，苦乐参半，你只会简单地把这些当作印证以上观念的证据。即使你试图采取措施改善婚姻状况，你也不会做出太大的努力，因为你把自己对婚姻的消极信念当作真理。这样一来，你的努力只会是徒劳的。

如果你确信某件事不可能，你就看不到任何可能性。

当芭芭拉开始审视影响她和男性交往的信念时，她发现，因为父亲常常微妙地贬低她，所以她觉得自己比男人低一等。约会时，她在男人面前表现得很好，他们都被她的智慧、幽默感和广泛的兴趣吸引。但是在芭芭拉的内心深处，她害怕每一个想走近她的男人。她下意识地害怕他们会贬低她，让她感觉自己很糟糕。

芭芭拉的内心认为自己比男人低一等，也不能让任何一个男性开心，所以她不相信自己会拥有幸福婚姻。她渴望幸福婚姻,但不相信她可以拥有。人们的行为总是依照信念行动，所以芭芭拉总是关注丈夫的缺点，从而在不知不觉中破坏了自己的婚姻。如果她相信自己能够拥有幸福婚姻，并且自己可以让男性快乐，她可能会对丈夫的缺点更加接受和包容，而这可能会彻底改变他们的婚姻。

相比之下，关系和谐的伴侣会体谅对方的缺点，克雷格说：

> 戴维总是心不在焉。有一天，我竟然在冰箱里看到一个咖啡杯！我以前常常因为这些对他发脾气，不过现在我意识到，这是他的本性。我现在已经知道，如果他回家晚了，我只要打个电话给他就行。我知道他是因为工作太投入，忘记打电话告诉我，我不会放在心上。如果他一半的时间里都没有心不在焉，他就不是他自己了。他的心不在焉也有好的一面：当他极度专注时能做成很多事。在这些时候，世界上所有其他事情都不会干扰他。

当然，改变自己的消极信念并不是一件小事，但这是有可能的，并且这是发展幸福关系的必要条件。如果你对婚姻的信念一直是消极的，你将无法获得幸福的婚姻。事实上，你会把这种消极信念变成现实。

如何改变消极信念

首先，你必须弄清自己到底相信什么，以及你的消极信念来自哪里。比如芭芭拉的消极信念，可能是家庭经历导致的，或者你只是受到社会文化对婚姻的普遍消极看法的影响。

其次，你必须和你的消极信念保持一定的距离，你需要有一些别的视角。当你深受消极信念结果的影响时，要想改变消极信念非常困难。你必须认识到，自己的消极信念不代表客观现实，它们只是个人累积经历和态度的结合。

第三，你必须感受消极信念带来的痛苦。比如，如果你相信“我的伴侣一点儿都不浪漫（并且永远不会变得浪漫）”，花时间思考一下，如果你的伴侣如你所想的那样浪漫，你会有什么感受，会有多少期待。这个练习的目的不是让你折磨自己，而是让你产生改变消极信念体系的动力。你的伴侣或许浪漫，或许不浪漫，但如果你认定自己的婚姻不浪漫，那就永远不会有浪漫。

你可以进一步想象一下，如果 10 年后，一切都没有变化，你仍然处于一段不浪漫的婚姻里，那时的你会有什么感受？这种想象是不是让你愿意试着相信如果自己采取行动，就能为自己的婚姻带来浪漫，并且让伴侣变得浪漫？

比起体验快乐，大多数人逃避痛苦的动力更大。因此，如果你能把痛苦和消极信念联系起来，你可能会更有动力改变它们。

第四，你必须放下悲观主义婚姻观，相信婚姻是美好的且采取一些新行动，然后观察自己的体验。因为如果你能改变自己的体验，你的信念也会随之改变。

从以下这个简单的实验入手吧。

实验 2　改变婚姻中的消极信念

1. 列出那些会限制你婚姻可能性的消极信念，仔细地进行思考。

2. 接下来，针对清单上的每一条消极信念写一个与之相反的陈述。例如，如果限制婚姻可能性的消极信念是“我永远不会喜欢伴侣对待孩子们的方式”，你可以针对它写一条新信念：“如果我们一起努力，我的伴侣会改变他 / 她对待孩子的方式，我会因为我们的努力和由此带来的新气象感到开心。”

以下是我从已经完成这项实验的伴侣那里听到的一些自我限制的信念，以及用来替代的积极信念：

我没办法和伴侣亲密，因为我是在一个关系异常的家庭中长大的。

我不会被我的过去束缚。在坚持和支持下，我可以学会和伴侣亲密。

我的丈夫永远不会变成一个在乎亲密感和沟通的人。

我可以停止索求，可以持续地关爱他。我们会变得亲密，他会懂得好好沟通，即使他不承认自己会这样做。我会很高兴看到他有所改变。

我不能在这段关系中成为我真正想成为的人。

我能在这段关系中成为我真正想成为的人。

我的第一任妻子过世了，我再也不会像和她在一起时那么快乐了。

我的下一任伴侣也许和我的前妻不一样，但会像她一样美好，只是形式不同。我知道我会再一次快乐起来。

我们之间有了太多的伤害，我们再也不会对彼此有好感。

生活提供无数重新开始的机会。只要我们都愿意，我们可以让过去随风而去。

我在婚姻中不会是一个好伴侣，我太缺乏自尊心了。

我可以学会爱自己和完全接受自己，成为一个好的伴侣。

信念代表决策。你有能力选择提高生活质量、丰富生活内涵、赋予生活力量的信念。幸福伴侣相信，他们可以为了彼此而成为更好的人，他们的婚姻也可以非常精彩。

承　诺

幸福伴侣对彼此和彼此之间的关系有矢志不渝的承诺。他们庆幸选择了对方，不会花时间缅怀过去，怀疑自己的选择是否正确，或想方设法地寻找退路。

承诺全身心地投入一段感情，意味着你坚信这是你最好的归宿。但是，这并不意味着你在这段关系中不会遇到挑战。请记住，我们讨论的是虽然磕磕绊绊但美好的感情，而不是完美的感情。不过，承诺的确意味着你对和这个人（你选择的亲密伴侣）共同生活没有半点儿犹豫。

为了了解为什么承诺对一段真正幸福的婚姻来说如此重要，我们先来看看缺乏承诺会如何阻碍亲密感、阻碍关系渐入佳境。

如果我和你谈恋爱，但我并没有做出全心全意的承诺，那么我就是在告诉你以下这些事："我不确定和你在一起我会不会真的开心""我不够爱你""有时候我觉得其他选择可能会更好""我担心自己会变心""我不喜欢被束缚的感觉"。

犹豫、疑虑和恐惧限制了我们。如果你知道我可能在某个节点上突然消失不见或不爱你了，那么对你来说，毫无保留地向我展示你的脆弱和对我完全坦诚就是危险的。如果我对你的爱就像布谷鸟从时钟里跳出来，然后消失在门后，我又怎么能指望你把心交给我？

在一段只有短暂承诺的感情中，伴侣必须花费部分精力保护自己免受伤害，并为未来没有对方的生活做好准备。他们无法完全放开自我，建立绝对的亲密关系。缺乏承诺就是有所保留，而有所保留是亲密关系的对立面。

缺乏承诺也使伴侣很难吵架。因为每当吵架时，他们的关系就处于岌岌可危的状态。他们无法在安全的范围内解决冲突，这意味着他们不太可能解决问题，更可能会隐瞒困扰自己的事情，而有所保留会削弱亲密关系。另外，没有承诺的伴侣也没有解决问题的动力，因为他们觉得反正他们最终会分手。他们为自己省去了解决问题的麻烦，忍受困扰自己的事情。但这种沉默的不满会造成伴侣之间的距离，阻碍亲密关系。

处于一段只有短暂或者间歇性承诺的关系中，就像住在租来的房子里一样，你不喜欢墙壁的颜色，但你并不想花时间和金钱去粉刷它，因为你可能很快就会住到别的房子里。这个房子不值得你有任何的投入。

在许多关系中，没有全心全意的承诺会比其他任何事情带来更多冲突。如果伴侣能够对彼此之间的关系做出真正的承诺，两个人之间最大的问题就会消除。但是很多人宁愿花时间为他们的未来和关系争论不休，也不愿分手或对关系做出承诺。

没有被全心全意的承诺巩固的关系会陷入恶性循环中：缺乏承诺会带来压力和问题，而压力和问题反过来又会降低承诺的可能性。

缺乏承诺的关系和拥有彼此承诺的关系完全是两回事，这两种关系之间的差别不仅会影响关系潜在的持续时间，还会影响两个人关系体验的根本性质和质量。

当承诺出现时，关系就会发生转变，伴侣双方的精力分配和整个心理体系都会发生转变。他们不会时刻准备着在婚姻的行驶途中踩刹车，也不会再问：“这么做对吗？”

几年来，我和一位朋友就关系中的承诺问题争论不休。她的观点是这样的：

> 在我觉得自己完全做好准备前，我不会对卡尔有什么承诺。不过，等有一天我准备好了并做出承诺时，我的承诺也不会带来什么变化，我们的关系和现在也不会有什么差别。换句话说，承诺是无用的。等到你准备好做出承诺时，它就变成了一纸空谈。

后来，我的这位朋友在一个很远的城市找到了工作，她的伴侣卡尔不得不决定要不要和她一起搬去那座城市。后来，他们决定一起搬走，并制订了计划。在此之后我的这位朋友告诉我：

> 苏珊，你说得对。我从来没想过我们之间能这么亲密，承诺给我们的关系带来了很大的改变，它让我们的关系质量上升到一个全新的阶段。我过去没有意识到这点，而且也不确定卡尔爱不爱我。现在他对我做出了郑重的承诺，甚至决定和我一起搬走，我能“感受到”他的承诺！但之前，我并没有意识到我们之间缺乏承诺，而是等到我们开始有承诺时才有所察觉。我们以前并没有意识到自己有所保留，但现在，突然之间我们都放松下来，让更多能量注入我们的关系中。我们不但确定我们不会离开彼此，而且不再挣扎，开始全心全意陪伴彼此。我们之间的关系有了很大的转变，我很喜欢这种变化。

两个人彼此承诺时发生的一个转变是，他们的爱从有条件的变成了无条件的。如果我对你承诺，我就是在宣告，我不会一旦在你身上看到我不喜欢的地方就离开你。我爱你现在的样子，而不是我幻想中的样子。这就是爱情的本质，是无条件的，或者至少我希望、也会努力让它成为无条件的。

承诺产生的另一个转变是伴侣对时间的概念发生了变化。

亲密感和真诚需要时间来酝酿。如果两个人多年以来一直共同成长，分享生活的点点滴滴，那么在他们刚刚坠入爱河，敞开心扉和展示爱意的那一瞬间，他们的喜悦会被放大一千倍。在任何关系中，没有什么能代替时间和时间带来的亲密感，承诺让两个人知道自己有足够的时间来增强亲密感。他们可以放松下来，在轻快的节奏下和对方相处，因为他们知道和对方在一起的时光会很快乐，并且只有时间才能制造机会让他们了解彼此。在这种情况下，承诺会使一段关系更有可能继续下去。

我的好朋友卡西告诉我，她交往了6个月的恋人特里离开了她，因为他和她的女儿处不来。我感到一丝理解。一开始和继子相处时，我也觉得极其痛苦（我敢肯定他也很痛苦）。特里没有顾念和卡西的美妙关系，选择了离开，而我却从没想过离开我的伴侣迈耶。我确信，如果我的心中对这段关系没有深切的承诺，那么我肯定也会想到离开，因为这个问题似乎无法克服。我记得我曾经想过："生命太短暂了，我不能这样生活下去。"但每当我想到如果离开的话会错过什么，我就会因为害怕错过而不禁颤抖。我们都经历了痛苦的适应期，这个过程教会我们很多，而且巩固了我们的关系。卡西和特里错过了什么？他们永远也不会知道了。

人们对承诺的第一个误解：承诺意味着你永远不能改变自己的心意。"要是事情发生变化怎么办？”他们会问，“要是我后来才了解到之前不知道的事情，然后改变心意了怎么办？”“我不能承诺，因为我可能会犯错。”以上种种想法阻碍许多人做出承诺，但其实他们的想法是错误的。

承诺是对当前关系质量的肯定声明，和关系的持续时间无关。承诺意味着“此时此刻我全心全意地和你在一起，此时此刻我想要和你一起打造美好生活，此时此刻我的目的和渴望是和你长相厮守”。

人和环境的确会发生改变，这些变化可能会影响承诺，但“承诺可能会在未来的某一天发生变化”这种想法并不是当前拒绝承诺的理由。所有人能做的都只是在做出决定的那一刻考虑当下所有可获取的信息，做出力所能及的最好的决定，正如大多数决定都是在信息不足的情况下做出的。如果我们想等到手头上所有信息都充分后再做决定，那么到那时我们可能已经不需要做出决定了，结局早就自己出现了。换句话说，所有承诺都需要冒险一试。

人们对承诺的第二个误解：承诺是一种对自我的束缚。

但事实恰恰相反：承诺是放开自我。承诺需要信任的意愿，需要你不仅愿意相信对方，而且相信会有让你们走到一起并一直在一起的力量。承诺意味着愿意松开绝对控制权：不是牵着马走，而是骑上马，放开缰绳，让马儿自由地驰骋。

莱斯和凯蒂在一起 5 年，并且结婚 2 年了。他告诉我：

我原本是害怕承诺的那种人。但当我面临失去凯蒂的可能时，我意识到自己的心已经属于她，我根本不想失去她。有一天我告诉她，我们不用承诺什么，我们只要永远在一起就足够了。没想到那会成为一个特别的时刻，凯蒂说等我说这句话已经很久了，这真是太奇妙了。看到她那么快乐，我觉得开心而不是害怕，这对我来说是一种全新的体验。在随后的谈话中，我告诉她，我觉得自己已经准备好迎接这个挑战。我们的谈话让我能鼓起勇气面对一切。我还是觉得自己在冒险，不过不是因为凯蒂，而是因为未知的事物。但我不会再让这种疑虑阻碍我做出承诺。最棒的是，从那天开始，我再也不会因为我们的关系感到焦虑。承诺是我们关系中的最后一块拼图，它带来了巨大的改变。不过我并没有做出承诺，因为我发现它原本就存在。

承诺会带来两种快乐，一是爱上对方的快乐，二是不再摇摆不定的快乐。现在，你生活中的一大方面已经定下来了。完全确定的感觉就是承诺的感觉，这种确定性是一种非常美好的体验，特别是当对方也同样确定时。

承诺的确能够带来一种安全感。不过，当你对某件事做出承诺后，它并不会停止变化。两个人投身其中的是一个发现的过程，一场旅程，一场共同探索人生道路的冒险。

第二章

对彼此怀有善意

怀有善意意味着在不确定某种情况是否属实前，先假定伴侣的出发点是好的，这就意味着站在伴侣的立场，并且知道他/她也站在你的立场。当两个人对彼此怀有善意，他们就会向对方敞开心扉，彼此也会感受到公平。即使当他们生气或不舒服时，他们最终表现出来的行为也是理智的，因为他们所有情感的背后都以善意为基础。

怀有善意意味着关心满足伴侣的需求，就像关心自己的需求一样。这就意味着设身处地为伴侣着想，即使不同意对方的观点，也会假定他/她的出发点是好的，永远不会怀疑对方的动机。

我采访过的幸福伴侣对彼此有充分的善意，这种重要品质使他们觉得在一起时是自由且放松的。每当我遇到无法好好相处的伴侣时，我都会发现他们之间明显缺乏善意。

盖尔和杰夫告诉我，他们某天晚上发生了一场激烈的争吵。当时，两个孩子正在发脾气，杰夫开会要迟到了，火上浇油的是，盖尔正在和儿子进行一场棘手的谈判，她想训练儿子自己上厕所。最后，盖尔的耐心终于耗尽，她让杰夫过去帮忙，杰夫很乐意地帮了，但在盖尔看来却是在帮倒忙。所以杰夫一过去帮忙，她就对他发火了。他们都很生气，杰夫干脆夺门而出。

盖尔哭了，她告诉我，她当时有过独自抚养两个孩子这种可怕的想法，虽然她知道这种想法很荒唐。不过，在他离开她的 5 分钟后，杰尔就给她打了电话。他只是说："我爱你，我们尽快聊聊这件事，把它解决掉。别担心。"

杰夫的举止就是善意的表现。虽然他怒火未消，但他的体贴让他没有丢下盖尔一个人，让她在满心愤怒又感到孤立无援的情绪下去照顾孩子。

如果他们两个人对彼此没有善意，也就是说，如果他们已经开始互相指责，为自己的立场辩护，这场争吵很可能就会升级。这不仅会给他们双方都带来非常大的痛苦，而且会进一步扼杀任何一丝表现出善意的想法。

当两个人开始坠入爱河时，他们感觉或者有时也会表现出他们愿意为对方做任何事。彼此怀有善意的伴侣会一直保留这种感觉。这并不意味着他们真的会为伴侣做任何事，而是他们愿意花费大量时间和对方商量，平衡自己和对方的需求。最初的感觉仍然存在：我想让你快乐，想让你拥有任何你想要的东西。

展示善意不是人们固有的习惯。在很早的时候，我们就强调自立和自给自足。在竞争激烈的工作场合，善意有时被看作是危险的。提防彼此、隐瞒信息、假定别人动机不纯或自私，这些做法有时则被看作是明智的。

但善意是建立所有良好关系的关键因素，它就像土壤一样种植并孕育了其他所有美好的品质。即使是最不幸福的伴侣，帮助他们的第一步也是在两人之间重新培养善意。从为对方做一些友好慷慨的事开始，重拾最基本的善意。

善意包含几大重要品质。如果存在真正的善意，这些品质就会自然而然的出现，比如：关注积极品质的意愿、感恩的态度、互相接纳与体谅、信任和尊重、付出。

关注积极品质的意愿

幸福伴侣关注他们爱彼此的地方和他们的关系，较少关注他们不喜欢的地方。他们本能地意识到，问题就像金鱼，你喂得越多，它们就变得越大。

一位男士告诉我："很久之前我们就意识到有些问题有解决办法，有些没有。我们把可以解决的问题解决了，然后忽略那些我们无法解决的。"我请他举例说明，他说：

> 我们刚认识那会儿，埃利爱上了跳舞。我们都以为我也会爱上跳舞。但是很多排练时间都和我的工作撞上了，我跳得不好，也没有那么喜欢。我尽力了，但就是没办法喜欢上跳舞，这让我们都很不开心，但我就是没办法逼自己成为另一个人。后来，我们接受了这个事实：埃利喜欢跳舞而我不喜欢，情况就是这样，不会有什么变化。就这样，我们都接受了这个问题，一个没有解决办法的问题，那就随它去吧。我们再也不会讨论这个问题。但我们后来有机会看到与我们的处理方式完

全相反的一种处理方式，有一位女士也爱跳舞，她的丈夫不跳，她就整天什么也不干，光抱怨这件事。她说不会跳舞还只能算是她丈夫最小的过错，虽然她丈夫有很多优点，但她在他身上看到的都是自己不喜欢的地方。

你可以选择自己关注的内容和想法，但不是任由各种想法随意摆布。当你的脑海中浮现出一个念头，你可以选择思考，念念不忘，然后被它消耗，也可以选择思考其他事情。

我认识一位当企业培训师的女士，她总是在研讨班结束时请大家对她做出评估。有一次我正好在场，她得到了 11 个正面评价和 2 个相对负面的评价。她有点儿沮丧。她把所有的注意力都集中在负面而不是正面评价上。就这样，她任由自己的整个下午被这 2 个负面评价毁了，因为她没有选择关注正面评价，她没有发现自己还有别的选择。

有一个朋友经常抱怨丈夫看不到家里该做的事。但讽刺的是，她的丈夫其实很勤快。他干了很多家务活，并且干得又好又快。我一直告诉朋友要看到积极的一面，但她只看到，只有等她提出要求，丈夫才会动手做每项工作。

当然，诸如此类的问题可以通过协商解决，双方都有很大的让步空间，这点我们将在后面的章节讨论。这里的重点是，我的朋友选择关注丈夫没注意到的事情，却没有看到他做的事情，从而让自己的生活变得痛苦。

幸福伴侣习惯从积极的一面看待关系。一位女士告诉我："别人告诉我，我的丈夫很自负，而我只是回答说'他有资本自负。'"我认为她的回答是以一种令人愉快的方式告诉丈夫："我站在你这边，我爱你本来的样子。"

关注积极品质是一种可以习得的技能。以下实验将帮助你入门。

实验 3　用积极的目光看待伴侣

1. 列出伴侣身上所有你不喜欢的地方。

2. 列出伴侣身上所有你喜欢的地方。

3. 和自己约定，在整整两周内，你不会在伴侣或其他任何人面前提起第一份清单上的任何内容。在日历上做好标记。

4. 在接下来的两周内，确保每天都在伴侣面前提起第二份清单上的至少五项内容。用富有创意的方式夸奖伴侣。除了直接告诉他 / 她，你还可以写一个便条贴在镜子上，写一首小诗或者送他 / 她一个小礼物作为感谢。但不论做什么，请确保每天至少提起对方的五个优点。

感恩的态度

布鲁斯说："每天早上，我做的第一件事就是感谢上帝赐予我的三样东西：我的生命、我的健康、我的妻子。"我采访过的每一对幸福伴侣基本上都会提到，他们非常感恩能够和彼此在一起。他们用行为表现出自己的感恩，也告诉我他们经常向对方提及这种感觉。当我问他们："你提及关系的频率是多少？当你提到关系时，你通常都会说什么？"以下是我经常听到的回答：

- 我们经常告诉对方能在一起并拥有现在的生活是多么幸运。

- 我真的觉得莉萨救了我的命，真的。我每天都因此感谢她。
- 我们每天都会提到我们的关系，说一些“我很感恩能够和你在一起”“我们能在一起真幸运啊”这样的话。
- 如果发生了什么需要我们讨论的事情，我们就会马上进行讨论。当讨论的是关于我们两人的关系时，我们会经常向对方表达爱意。
- 我们最喜欢说的一句话是“我们配得上彼此”，并且每周都至少会说一次。

在许多幸福伴侣身上，我发现他们对找到彼此这件事心存敬畏。即使许多年过去了，他们仍旧觉得和对方在一起是一个小小的奇迹。一位男士说：“结婚 32 年后，我才渐渐习惯幸福的感觉，习惯有这位了不起的女人陪伴我的感觉。这么久了，我还是非常感恩。”

你感恩生活中的哪些东西？请列出一份清单。你多久关注一次这些东西？和伴侣在一起，你觉得感恩吗？你多久表达一次你的感恩？

为了在婚姻中培养感恩的态度，与其花时间抱怨问题，不如和伴侣一起讨论生活中积极的方面。这并不是一件难事，感恩是一项愉快的活动。你可能会发现，即使只是想想你得到的祝福，也能让你脸上浮现笑容，和伴侣分享自己的感恩也能给他 / 她带来快乐。越感恩，你就越快乐。

互相接纳与体谅

在最近一次谈话中，一位男士试图说服我，“无条件的爱”只可能在理论上成立，人不可能有。“无条件的爱”这种说法确实自带完美光环，它好像是一个值得努力奋斗但在现实中没有希望实现的目标。

不过我认为，并非所有无条件的爱都属于这种类型。我和我的丈夫彼此无条件地相爱，我采访过的许多幸福伴侣也是如此。**无条件的爱只是简单地完全接纳，意味着不带条件地爱一个人。**即使当我的丈夫做了让我不高兴的事，我也不会停止爱他。我的爱并不取决于他的表现、成就和对待我的方式。

试想一下，如果有人说：“如果你继续因为自己的事业焦虑不安，我就不会再爱你了。”或者说：“如果你不能学会表达爱意，我就只会爱部分的你，而不是爱全部的你。”又或者说：“我爱你，但是当你尖酸刻薄或者大发脾气时，我不爱你。”

这些说法十分荒唐。我可能会生气，会感到受伤，会觉得你很冷漠，但是这并不意味着我对你的爱有一丝一毫的减少。**事实上，无条件的爱恰恰在一个人觉得悲伤、焦虑或忧郁时起着最重要的作用。你需要知道自己是被爱着的，特别是当你没有那么爱自己的时候。**

如果我选择爱一个人，那么我就是在宣告：“我爱你的全部，你的所有。我在乎你的精神成长。我不想改变你，而是想支持你。”如果我选择对某个人做出郑重承诺，却没法履行，那么这很可能是我的失败，而与对方无关。虽然我可能认为，我是因为你的某种行为而无法再爱你，但更准确地说，其实是因为“我自己的内心产生了一种恐惧，导致我现在不能再爱你，或者只爱一部分的你”。如果爱是有条件的，那么错的不是被爱的一方，而是爱的一方。

接纳某种事物并不意味着你必须喜欢它，而是意味着你不再反抗它。

如果你接纳爱人身上你不喜欢的地方，你可能希望对方做出改变。但即使对方无法改变，你也不会停止爱他 / 她。

如果你试着这样做，你可能会觉得伴侣身上令人困扰的地方也会让人喜欢，因为这不过只是他 / 她身上的一部分而已。

我和一位嗜车如命的男士约会过。即使在我看来是十万火急的情况下，他也不愿把车借给我。就算他在场，他也不会让我开他的车。我一开始觉得他的态度很可笑，但后来我意识到，这很符合他的个性，对他来说也很合理。我喜欢这个人，而这只是他身上的一部分。我记得我当时的想法："这就是人们说的，爱一个人就接受他 / 她的全部吧。"我并不用下决心强迫自己接纳他，相反，我注意到，因为我爱他，我就能接纳他的这个怪癖。

接纳伴侣身上你不喜欢的地方，最重要的是不要评判伴侣。例如：

米歇尔："康拉德不坐飞机，他太害怕了，不是出于理性的害怕，而是没有由来的恐惧。这件事当然给我们带来很多不便。我希望他能坐飞机，希望他能寻求帮助治疗自己的恐惧。但我不会责怪或评判他，而是会和他一起想办法解决问题。"

玛格丽特："我是一个作家。大多数时候，除了见罗斯和孩子们，我不会见任何人。我对衣服不感兴趣，我经常翻出一条牛仔裤和一件运动衫，连续穿四五天。这让我的第一任丈夫感到抓狂。他一直试图说服我，说如果我穿一套新衣服，我会感觉更好。我本可以改变自己来取悦他，不过我为什么要这么做呢？他评判我，试图让我承认自己做错了。和罗斯在一起后，我清楚看到了他和我第一任丈夫的区别。我甚至还不知道他是否喜欢我的穿着。他根本不在意。

我就是我，我按自己的方式做事。如果我对衣服狂热，那就不是我了。罗斯接纳了我。”

我能想象在玛格丽特的第一段婚姻中，她的丈夫认为是她错了，而不是自己错了。他认为如果她不试试每天穿不同的衣服，她就不会意识到自己错得多离谱。但是，当伴侣中的一方试图改变另一方，冲突通常都是由不愿接纳的那一方造成的，而不是不愿改变的一方造成的。

如果你正和伴侣处于冲突中，请扪心自问，是你的要求、想法、评判还是情况本身引发了问题？你在这个问题上立场坚定吗？可以更变通吗？

当然，在某些情况下，要求伴侣做出改变完全是合理的，我们将在“沟通”一章中详细讨论“告诉对方你想要什么”。但比起尝试让伴侣按照你的想法做他 / 她“应该”做的事，更重要的是学会接纳伴侣——既接纳对方身上你喜欢的地方，也接纳你因为个人喜好不喜欢的地方。

前面提到的那个每天感谢上帝赐给他生命、健康和妻子的男人布鲁斯，非常爱他的妻子简。简总是充满活力，朝气蓬勃，能给身边的人带来很多快乐。布鲁斯对她唯一感到不满的地方是，他觉得她的话太多了，而且总是在谈话中占据主导权。他需要知道的是，充满活力的谈话正是他爱的这个女人身上不可或缺的一部分。

学会更加变通，接纳和宽容你爱的人的一大秘诀是改变内心，开始看到对方身上你不那么喜欢的品质也是可以接纳的——甚至是可爱的。

汉娜：“过去，马蒂节俭的本性有时让我觉得很难堪，比如当我们和另外一对伴侣一起吃饭，吃完他会拿出计算器摊账单。但我通常只会平摊账单，再多出一点儿小费。但现在我意识到，我们的朋友常常要依赖马蒂的购物技能、讨价还价的知识、付租车费和餐费的优惠券，等等。如果他对账单不在乎，那就不是他了。我们有些朋友对账单很随意，但他们的财政状况并不好。所以，虽然现在我有时还会嘲笑马蒂，但是我喜欢他的这种小固执。他现在戴的手表上自带计算器，大家都知道。他们有时会取笑他，但也经常依靠他算各种费用。”

接纳和宽容伴侣的反面是什么？让自己和他 / 她敌对：唠叨、批评、贬低、奚落对方。如果你对伴侣不太可能改变的地方喋喋不休，比如你想让一个充满活力的女人少说话，或者让一个生来节俭的男人不要担心账单分配的公平问题，那么你其实是在制造问题，不论你抵制的是什么，它都会继续存在。例如，如果布鲁斯通过自己唠叨来抵制简说话太多，那么其实他会让这个问题在他们的生活中继续存在下去。经过我们的谈话后，布鲁斯决定试着放下自己对这件事的强硬态度，不再提起它。每当他想要加入谈话，他会非常有礼貌地问：“我可以打断一下吗？”或者问：“我可以说点儿什么吗？”简总是会停下来让他发言。当他不再抵制，让自己自然而然地接纳，问题就消失了。

在我自己和这些伴侣的合作中，我发现男性和女性之间存在一个普遍的差异：男性经常需要“独处时间”，特别是在忙碌的一天结束后；女性在这种时刻则更需要一些亲密接触。对这种差异的误解导致许多伴侣陷入了巨大的僵局：“他太冷漠了。”“她事情太多了。”但是，只要每对伴侣能够认识到这些差异并愿意考虑对方，双方的需求就都能得到满足。比如，她可以给他 40 分钟阅读邮件、换衣服、放松自己，然后他可以给她 40

分钟用于交流和谈话。

我遇到的幸福伴侣很少有过这种“每日结束综合征”问题。当这种问题发生时，他们会自然而然地接纳对方的需求，并做出相应的调整。他们对彼此的善意把潜在的问题扼杀在萌芽中。这些伴侣对彼此的爱和承诺有足够的自信，也有足够的亲密接触，因此他们不会把两个人性格上的差异放在心上。如果其中一方在一天结束时说自己想要时间独处，另一方就会理解并接纳这种需求，给对方时间。因为他们的变通、包容和接纳能力，他们就能避免许多潜在问题。

不过，请记住一点，两个人互相接纳并不意味着他们不能要求对方做出任何改变。恰恰相反，关系中的接纳会营造出一个不带批判意味的安全环境，让伴侣更容易要求对方做出改变。如果我觉得你对我的爱取决于我是否改变，那么我很难为了你改变自己。一段关系中，所有成功的协商都始于接纳和善意。

实验 4　练习接纳

1. 列出伴侣身上所有让你不满的地方。

2. 给每项内容划分 1~5 等级，1 代表这项内容不是伴侣身上不可或缺的一部分，5 代表这项内容完全是伴侣身上不可或缺的一部分。

3. 现在，就每一项内容问自己，如果你能更加接纳让自己不满的地方，问题是不是就会消失。

4. 如果你发现你可以通过改变自己的态度改变第三条中的一项或两项内容，和自己约定，在整整两周内不要提到这些内容。

信任和尊重

幸福伴侣学会了也习惯了相互信任。他们不再为此担心，因为他们彼此都很了解。汤姆说：

我当然信任谢里了。不过实际上，我根本不会思考这个问题，也不用刻意去信任她，因为我知道她会一直陪着我。什么是信任？我相信你不会对我说谎？相信你不会背叛我？相信你会对我坦诚？我的意思是，我们的关系已经超出了这种范围。我不用思考自己是否信任谢里，我不用为了信任她做任何事。我知道她是一个正直的人，知道我可以信赖她。这是信任吗？

在某些情况下，信任对处于关系初期的伴侣中的一方来说是一个大问题。通常是因为这个人童年时期的监护人不可靠，因此他 / 她在年幼时就觉得相信任何人都是不安全和不明智的。玛丽说：

韦斯送我的最棒的一份礼物就是教会我信任。我的成长过程中充斥着伤害，所以我变得非常谨慎戒备，可以说，我从来没有完全信任过任何人。和韦斯在一起几年后，我才终于意识到我可以信任他。我的脑子告诉我，我没有理由不信任他。然后我努力让我的身体接受这个想法。心理治疗也帮了我很大的忙，但我真的很感谢韦斯。我现在不会再多想这个问题。我的意思是，多年来，信任对我们来说不再是个问题，尽管一开始这确实是个大问题。

学会信任对我来说很难。我觉得当时的自己无法向韦斯敞开心扉，因为我不信任他。但我又觉得只有我试着敞开心扉，我才能学会信任他。韦斯很有耐心，我取得的任何一点儿小进步，对我来说都是一种积极的体验。

同样地，相互尊重也是幸福关系的基本组成部分。

多丽丝："我曾经和一个男人在一起很多年。他很风趣，但我最终没能和他走入婚姻，这主要是因为我无法接受和尊重他对政治和参与政治的藐视态度。他从来不参与投票，对此他有自己的一套理由，但在我看来这种行为愚蠢且没有责任心。我知道他相信自己的理由，但我就是无法接受和尊重他的这些想法。我们在这种原则问题上存在很大差异，所以我觉得自己不能嫁给他。他在这方面的观点，还有其他方面的一些观点，使我们无法成为灵魂伴侣，我们看待世界的方式不同。我不是说你不能和你的伴侣意见不一，但这是接受与否和尊重与否的问题。"

蒂姆："我觉得尊重和欣赏息息相关。我不仅尊重莎拉，而且欣赏她。我欣赏她的艺术才能、善解人意、厨艺、绘画教学能力、遣词造句和与朋友之间保持联系的能力，还有很多很多。我欣赏她身上的这些品质。"

唐纳德："我尊重芭芭拉，我的意思是，我不仅尊重她做过的所有事情，而且尊重她是一个聪明而成熟的人，她感知宇宙万物的方式超出了我的所见所闻。在地球短暂停留期间，我们相遇了，我有责任尊重并善待她。她有美丽而特别的灵魂。”

尊重对不同的人来说有不同的含义。对一些人来说，尊重意味着敬畏；对另一些人来说，尊重意味着相信他人的正直，或者欣赏他们的价值观；对剩下的一些人来说，尊重意味着高度重视。虽然尊重的含义存在细微的差别，但当你尊重他人时，你能感受到自己对他/她充满善意。尊重使尊重人的一方和被尊重的一方都得到力量。如果你想要拥有一段幸福婚姻，那么你应该尊重自己的伴侣，这是一种美妙且必不可少的感觉。

实验5 如何重新建立信任感

1. 扪心自问，你对伴侣是否有不信任的地方，如果有，是因为你有理由不信任他/她，还是因为你很难信任他人？如果你们两个人之间没有完全信任对方，请在笔记本的某一页上写下这个问题的答案：如果我想完全信任我的伴侣，我应该怎么做？

2. 给你的伴侣写一封情书，具体列出他/她身上所有令你尊重和欣赏的地方。

付 出

当人们对崇尚自我的“我时代”进行过度解读时，付出后收获的喜悦便成了一个牺牲品。“付出比接受更有福气”被“我们活着不是为了满足他人的需求”取代。我们现在注重避免给别人提供不必要的帮助，所以我们擅长拒绝别人，保护自己的领土，自给自足，并鼓励其他人也这样。或许，我们获得了宝贵的独立，但与此同时，我们也忘记了慷慨地付出却不求任何回报是多么让人满足。

当然，众所周知，不健康的付出确实存在。如果你为别人做了他们本应该亲自做的事情，那么你的付出没有帮到任何人。但在摒弃这种行为的同时，我们不能放弃慷慨。

幸福伴侣知道其中的差别，他们悄悄地反抗当前所有提醒他们不要帮助对方和过度付出的观点，把相互付出当成一种快乐。正如一位女士所说:“如果人们愿意在婚姻中花更少的时间满足个人需求，花更多的时间交流和相处，那么我们现在就不会看到那么多接受心理治疗的伴侣了。”

不求回报的慷慨付出会产生奇妙的作用，不仅是对接受者，也是对付出者。一个人最深层的本我，并不区分自我和他人。因此为他人付出就像为自己付出!

在婚姻中，你每天都有机会用体贴和慷慨来取悦自己和伴侣。从响应伴侣的请求，到主动提供帮助，到选择在有冲突时做出让步，到想出各种温暖的惊喜，付出是婚姻这块挂毯上的一个主要图案。

向我咨询的一位女士抱怨婚姻需要她“做出牺牲”。她不想被置于这种境地，不愿牺牲自己的需求来满足对方的需求。但随着我们谈话的深入，她意识到自己误解了“牺牲”的真实含义。

牺牲是一种奉献。根据词典的定义，牺牲指的是“为了更重要或有更迫切需求的事物放弃有价值的或想要的事物”。因此，当你做出让步，选择和伴侣去看他 / 她选的电影时，你实际上得到了比电影本身更宝贵的东西：

让爱人开心的乐趣。

毋庸置疑，在一段关系中，两个人的“牺牲”和付出必须是公平的。但幸福伴侣往往更关心他们是否付出了自己应该付出的那部分，而不是自己是否得到自己应得的那部分。

有一个短语比“牺牲”或“妥协”更能准确而有效地形容所有关系中的付出，那就是“交换”。因为在一段关系中，凡有失必有得。一段长期的关系充满了大大小小的交换。幸福伴侣明白这一点，所以他们愿意做出交换——虽然有时他们也需要协商，但他们总能意识到自己在交换中能得到更大的利益：他们彼此之间宝贵的关系。他们的交换基于善意。卡拉的故事就是一个很好的例子。她和约翰自驾到俄勒冈州露营10天。她非常想去林肯市的海滨小镇，但约翰对此不太感兴趣，因为他有其他更重要的事。

> 卡拉：“我觉得最重要的是，我在乎吗？我真的足够在乎他，甚至可以放弃我的需求吗？我放弃去林肯市，而约翰很感动，他知道我为了他放弃自己想要的东西——特别是，我是一个想要什么就必须得到的人（她窃笑）。如果我去了林肯市，我就赢了这场小仗，却会输掉整场战争，约翰也会很不开心。我明白了，约翰的快乐和我的一样重要。如果他不开心，我也会不开心……在我们的关系中，约翰通常都是那个付出的人，这对我来说是一次很好的经历。”

卡拉的话让我想起了简在访谈中说的话：

> 简：“我们结婚时，母亲告诉我的唯一一件事是，‘记住，现在要考

虑两个人。之前，你做所有事情时只需要考虑自己，而现在有两个人要考虑，你必须考虑你的另一半，无论是工作上的决定还是要不要做晚餐，因为你的生活中有了另一个人。'”

当我问芭芭拉和唐纳德他们在婚姻中的付出时，芭芭拉很快就给了我答复：

我有两个朋友总是说我太惯着唐纳德。他的目标成了我的目标，而我在这个过程中也放弃了自己的一些目标。他们说我不再打桥牌了，还退出了两个合唱团。现在我把一半的时间都用来推广他的生意和制作手工家具。

但当我仔细地审视整件事情时，我发现自己只是为唐纳德付出了我想付出的。我喜欢和他一起工作，我做出了很大的努力，现在的我和他一样投入。这整件事为我的生活增添了令人激动的新内容，我乐在其中，而他也很感激。我可以自由地选择要不要为他付出，而我选择“要”。在我看来，这就是婚姻的意义所在。如果你把所有的时间都花在满足自己的需求上，那么你很可能一直单身下去。

付出是让我们变得亲密，让我们对彼此保持热情的一个因素。不过我认为自己确实应该保持警惕，确保不忘记自己最重要的需求。但我希望唐纳德成功，我想帮助他获得成功。

卡拉、简和芭芭拉想的都不是“怎么样才能满足我的需求”，而是“怎样才能满足我们两个人的需求”。

关于送伴侣礼物的方式，以下两个建议可能会有帮助。

第一，人们倾向于送出他们自己想要收到的东西，却忘记收到礼物的人可能有完全不同的喜好。两性之间的付出往往如此，这一点也体现在赠送礼物上。如果你花心思弄清伴侣想要的礼物和赠送方式，你会得到更多感谢。

第二，在所有礼物中，最体贴且最受赞赏的是主动提供的意料之外的礼物。最好的礼物是你察觉到伴侣可能需要某种东西，或者你注意到伴侣给出的小暗示，然后把他 / 她最想要的那样东西送出去，这会是最大的惊喜。

爱默生提出的补偿法则现在仍然适用：如果你想要获得更多，就付出更多吧。

实验 6　和伴侣一起制订一份愿望清单

1. 询问伴侣什么礼物会让他 / 她有被爱的感觉，写下回答。这将为你送他 / 她最想收到的礼物提供许多灵感。

2. 请你的伴侣提供一个愿望清单，列出他 / 她最想收到的礼物或最想获得的帮助。然后在接下来的一个月里，尽可能地满足这个清单上列出的内容。而且，既然你已经知道了清单上的内容，你就可以送出你想送而伴侣也乐意收到的东西。每过几个月，你可能需要和伴侣一起更新各自的愿望清单。

我并不是第一个把善意定义为幸福婚姻的基础的作家。18 世纪哲学家大卫 · 休谟曾在他的著作《人性论》中这样形容爱情："在最自然的状态下，两性的爱由三种不同的印象或情感结合而成，这三种情感是，美貌引起的愉悦感、生殖欲望、浓厚的好感或善意。”

幸福婚姻最重要的特质正是浓厚的好感，包括关注爱人积极方面的能力、对你们能够共同生活的感激之情、接受关系中你不喜欢的地方的能力、信任、尊重及为伴侣慷慨付出的意愿。这些品质能够反映出关系中已有的善意，也能够使你萌生更多的善意。

第三章

清晰的价值观：共享时间

今天早上我应该做些什么呢？我们如何度过每天，就相当于我们如何度过我们的人生。我们如何度过这个和那个小时，就相当于我们如何度过当下。

我采访过的幸福伴侣，他们最经常遇到的挑战就是找不到共度时光的方式。并非所有人都有这种烦恼，但这却是一个最常见的问题。

不过，就算幸福伴侣认为这是一大挑战，他们还是会为彼此腾出时间。我们在过往的研究中发现，有些伴侣每周只花 15 分钟和对方交流，幸福伴侣可不是这样的。他们不需要别人告诉他们要把关系当作生活中优先考虑的事，他们会自觉地这样做。他们的关系不是生活中的次要事项，而是主要事项。即使找到共度时光的方式很困难，他们也会想方设法找到不同方式共度时光。

那么，为了抽出时间相处，他们具体都克服了哪些障碍？我听说的障碍有：工作狂、负债、经济拮据，以及无法平衡工作与生活这样的永恒难题等。玛莎是一位公司副总裁，她告诉我自己正在摆脱工作狂倾向，即自己总是忍不住在办公室之外的场所也疯狂工作。我问她摆脱工作狂倾向的秘诀是什么，玛莎说：

是弗雷德！他对我很有耐心，但同时又很严厉。他一直温柔地要求我设定界限。现在我正在学会限制自己工作的时间，因为这样让我变得更快乐。我认为我不算真正的工作狂，只是如果我放任自己工作的话，工作很容易就霸占了我所有的时间……让我告诉你一个我学到的技巧：我设定一个离开办公室的时间，在离这个时间还有半个小时的时候，我给自己设一个闹钟，开始准备从工作状态中过渡出来。我停下自己正在做的事情，为第二天做一个计划，然后就可以真正放下工作了。当我回到家时，我已经调整好心情。一开始我觉得自己没办法拨出额外的半小时，但现在我发现这半小时能让一切都变得更美好。

其他人也聊到了自己为了在工作和家庭之间取得平衡做出的努力。

玛格丽特："单身时，我无法想象自己怎么能从生活中抽出时间陪伴伴侣，但当我坠入爱河后，我找到了办法。然后我无法想象自己怎么会有时间要孩子，但当我生完孩子后，我发现只要一件事对你来说真的很重要，你就能抽出时间去做。"

玛格丽特的话让我想起了古老的格式塔原则：在任何特定时刻，你都在做你最想做的事情。例如，如果你工作到很晚，你可能会说："我真想现在和家人一起待在家里啊！"但如果你真的最想回家的话，你早就已经在家了。比尔似乎很同意这种说法，并自学了这种方法。

> 比尔："社会训练我们相信工作是最重要的，我们就假定这种观点是正确的。但如果你仔细思考，你会发现工作的最终目的是过上幸福的生活。工作很重要，但生活和家庭也同样重要。我认为现在大家更能接受在生活中把工作摆在一个恰当的位置……过去我会和妻子做一些计划，但如果中途发生了一点儿事情，我就会违背和她的约定。现在，每当我计划和妻子共度时光，我就会信守承诺。"

一些伴侣谈到，如果他们没有花足够时间和彼此相处，他们就会开始变得焦虑不安。

> 卡拉："在过去 4 个月里，我和约翰（都是大学教授）都知道我们没有花足够的时间和彼此相处。一些事情打乱了我们的日常模式。他有三门新课程要教，周末也要工作。与此同时，我有几门课程安排在傍晚和晚上，经常无法回家吃晚餐。我们两个人都开始变得非常焦虑。我们都知道原因，但我们只是不断告诉自己，这段时期就要结束了。然而几周前，我们大吵了一架——没由头地吵架，这是意料之中的。我的意思是，要是我们处于平常的相处模式——花足够的时间和彼此相处，我们很快就能解决引起争吵的问题。共度时光对经营好我们的

关系至关重要。”

虽然花时间相处是一大挑战，但大多数幸福伴侣都能想方设法一起度过高质量的时光。他们这样做不是因为他们认为这是该做的事，而是因为他们想做。这对他们来说是一种本能，所以他们自然而然地把这件事列为优先事项。在卡拉和约翰的例子中，一旦他们开始失去宝贵的相处时光，他们马上就会察觉，并立即采取补救措施。我听说，一些伴侣为了有更多时间相处会做出一些具体的改变。比如以下这个例子：

丽贝卡："最近几周，我每晚都出门。琼斯坚决反对我的行为。一开始我觉得他是在限制我，不理解他，所以产生了戒备心。不过后来他的态度变得缓和，说了一些甜言蜜语——我觉得这就是体现他良好沟通技能的例子。他谈到一个人的晚上多么孤单，他有多么想我。他是在做关于'我'的陈述，表达自己的感受，而不是指责我是一个坏人。我真的很难改变自己的想法，我无法想象自己能放弃正在做的事情。但每当我收到工作上的信息时，他就会主动避让，给我一点儿时间调整。后来，我真的发现他是对的。因此我决定辞去受虐待妇女庇护所董事会的职务。我和他都知道，如果工作量在可控范围内，我会变得更快乐，更乐在其中。在这之后的一个晚上，我们都在家待着。我在叠衣服，他在车库里，我问自己：'我留在家里就为了做这种事吗？'但我知道我的决定是对的。"

我采访的伴侣中，有 7 对其实全天或大部分时间都在一起工作。这些伴侣并不符合刻板印象，他们没有因为相处时间太多而变得焦虑不安。他们确实会按照某种规律有意地抽出时间独处，但他们庆幸能和伴侣有这么多的相处时间。他们喜欢自己的工作，也享受彼此的陪伴，并且很高兴能把这两者结合到一起。杰夫和盖尔在度蜜月期间策划了他们的小型咨询业务。杰夫告诉我："能够实现我们共同的梦想，我真的非常满足。我从来没想过我和盖尔的相处时间和独处时间分别有多少，我们的生活就是这样。"

我认为幸福伴侣的相处方式至少有 7 种，这 7 种类型从连续的简短对话到整个周末都只和对方亲密相处不等。让我们来详细看看吧。

日常交流

幸福伴侣会掌握彼此的最新动态。如果他们没有一起度过某一天，他们就会和对方分享这一天的种种细节。他们会交流自己生活中的所有"琐事"：孩子的教育问题、朋友或家人的电话、新闻报道、听别人说起的电影、下周的计划等。在伴侣双方都工作并且有孩子的家庭中，即使伴侣只是想要抽出时间简单聊聊，也可能是一大挑战。因为他们一回到家，孩子们就会占据他们的精力——还有晚餐、邮件、电话、惦记着挪车方便街道清洁工打扫以及种种突发情况等。但幸福伴侣还是会抽出时间共处。他们可能会让奶奶每周来两次哄孩子上床睡觉，这对孩子和奶奶来说都是一种幸福，也能给爸爸妈妈相处的机会；或者让孩子们先吃饱（在爸爸妈妈的陪伴下），然后早点儿上床睡觉，这样爸爸妈妈就能独自享受放松的一餐；又或者爸爸妈妈也会私下一起吃午餐。

下午工作刚结束以及晚上休闲时间刚开始这段时间对许多伴侣来说是“艰难”的。一时之间，伴侣双方都需要做以下几件事（或者更多）：放松和独处；和对方交流；阅读邮件和打电话；和孩子们相处；解决晚餐问题。在这段时间里，如果伴侣中的一方想要独处放松而另一方想要交流，双方就会产生冲突。许多伴侣会误会对方不同的需求是针对自己。例如，他需要放松，而她觉得他是在疏远自己；或者她需要交流，而他觉得她太黏人了。幸福伴侣会应对这段时间的问题，并找到适合自己的解决方案。

例如，一对伴侣每天晚上的固定安排是这样的：他们都先花半个小时全神贯注地照顾孩子，然后孩子们知道爸爸妈妈需要时间相处，因此会在他们享受“鸡尾酒时光”时自己玩耍。这对伴侣会走进卧室，在这段时间内，这里是孩子们的禁区。他们会在不受干扰的情况下交流放松，甚至不会接听电话。有时这段“鸡尾酒时光”只有 15 分钟，但大部分情况下会更长一点儿。在这之后，其中一方才会开始准备晚餐。

然而，另一对伴侣则是另一种情况。妻子喜欢烹饪，认为在厨房里边做饭边和丈夫交流让她十分放松。因此丈夫回到家后，他会花半个多小时阅读邮件、换衣服、慢慢调整自己。然后按照他们的约定，他会在妻子准备晚餐时在一旁陪着她。她不需要他帮忙，但他们都很享受交流的时光。

有一对伴侣经常在下午工作快结束时打电话给对方聊 15 分钟左右。因为他们知道回到家后孩子们会占据他们的精力。还有一对伴侣告诉我，他们让保姆一周在家过夜两次，这样保姆就能帮他们准备晚餐和照顾孩子，他们就有时间相处。

艾德丽安发现了以下这种解决方案：

听起来可能有点儿可笑，但真正帮到我们的是克伦给我安装的一个智能软件。我现在可以在回家的路上把很多事情解决掉，也不再因为通勤感到沮丧。当我回到家时，我已经做好准备和克伦一起放松。

虽然许多伴侣都认同，抽出时间保持亲密联系几乎是每天都会遇到的挑战，但他们都能找到办法克服。当然，对一些伴侣来说，这甚至根本算不上挑战。不过这两种伴侣都认为，抽出时间和彼此交流已经成为他们的固定安排。

多丽丝："上小学时，我有一个非常亲密的朋友卡西，有一年我们分到了不同的班级。每个课间我们都会跑去找对方，告诉对方在过去的两个小时内发生的每一个小细节——主要是八卦其他小孩。如今，有时我打电话给艾伦只是为了告诉他发生的某件小事，或者我已经迫不及待想在一天结束时见到他。和我小时候的朋友卡西一样，艾伦也是我生活中非常亲密的一部分。"

伴侣双方必须意识到，对彼此来说，独处时间和相处时间一样重要。男性往往更擅长给自己一段独处时间用于放松和充电，他们会抽出时间看报纸、看电视或者做一些放松的小事。女性通常无法轻易得到这种时间，但其实她们也有同等需求。女性经常会"耗尽精力"，因为她们没有确保自己得到足够的"停机时间"——不用听别人的各种要求，能够完全独处的时间。除了抽出时间陪伴对方，伴侣也必须帮助对方以确保他/她能抽出时间独处。

实验 7　把握最佳交流时间

1. 伴侣双方分别列出一天结束后回到家或伴侣回到家时自己所有的需求。

2. 按照自己希望的顺序排列以上内容。

3. 和伴侣一起商量，看看是否能够制订一个满足你们所有需求的时间表。

4. 尝试执行几天后，根据需求进行修改。

5. 最后，思考每天让你和伴侣能够在不受干扰的情况下交流的最佳时间。是吃早餐时？清晨散步时？吃午餐时？或者睡前最后一刻？尝试连续两周内每天都抽出这样的时间。

固定安排和仪式

一个家庭每天和每周的固定安排会给家庭成员带来舒适感和安全感。家庭的可预测性对儿童而言尤其重要。此外，由于每对伴侣的固定安排都不一样，这些安排也就赋予了每个家庭独特的定位。一些家庭遵行的仪式可以追溯到好几代前,延续这些仪式成为一种向家族表达敬意的方式。有时，享受亲密关系的伴侣会给日常的固定安排增添一份额外的用心，比如吃晚餐时在餐桌上摆上蜡烛，或者每天早上醒来时播放音乐。

仪式是现代人匆忙的生活节奏的牺牲品之一。尽管如此，我还是从许多幸福伴侣那里听到了他们生活中的仪式感。他们常常会做一些小事表达爱意。一对伴侣告诉我，他们谁先起床，谁就做早餐给对方吃。另一对伴侣会一起享受每周日早上的填字游戏。在我自己的家庭中，50 年来，不论我的父亲早上几点出门上班，我的母亲都会站在窗户边给他一个飞吻，然后他们彼此挥手告别。

大多数家庭在生日和法定节假日时会遵行一些传统和仪式。这些传统和仪式十分重要，因为它们提供了一种归属感以及过去与未来的联系感。所有特殊的一次性事件都是值得庆祝的重要机会，比如升职、拿奖金或完成一个重大项目等。如果我们经历一场变化，却没有庆祝或标记它，这种变化就会贬值，变得不起眼。不论是成人礼或婚礼等盛大仪式，还是我的母亲每天向我的父亲挥手告别这种简单可爱的固定安排，它们都会增强我们的身份认同感，让我们觉得自己在大千世界有一方天地。

娱乐时光

幸福伴侣会一起享受许多休闲时光。这些伴侣大都拥有满意的工作，但我发现他们中很少有人是工作狂，他们重视并且常常一起度过许多娱乐时光。

当然，不同伴侣之间的娱乐方式各不相同。他们可能会跳舞、跑步或健身、登山、滑雪、打排球、打桥牌、外出吃饭、看电影、看戏剧、听音乐会、招待朋友、玩室内游戏等。看电视对大多数幸福伴侣来说并不算是娱乐时光，除非他们是在一起看一个特别的节目。正如一位女士所说：“看电视是个人的休闲方式，就像读书一样。这种方式不会让我们更亲密，而会让我们更疏远。”

一对伴侣的固定安排是轮流规划周六晚上的活动。有时这种活动是一个惊喜，有时不是，但每个周六晚上都是他们的专属时间。和我交谈过的许多伴侣都喜欢社交，他们享受和朋友聚在一起。

汉娜：“单身时，我认识的伴侣并不多，而且我认识的那些伴侣都不是特别快乐。但结婚后，我们认识了许多让我们非常喜欢的伴侣，这真是不可思议。在一部电影中，他们说伴侣可以和其他伴侣一起约会，我很喜欢这个想法，这对我们来说绝对是一个好主意。我对我们拥有的朋友非常满意，和他们任何人一起共度时光都让我十分满足。因为这样我们就能参与到彼此的生活中，对彼此投入——我们会因为彼此欣喜若狂。我很高兴我们拥有各种各样的朋友，和他们当中任何人共度时光都会让我很快乐！。”

凯文：“前几天有一位女士告诉我，如果她还得再听丈夫讲一遍他的墨西哥故事，她会受不了的。这让我感到惊讶。我和米丽娅姆都愿意一遍又一遍地听对方的故事，而且这让我们感到快乐。当她沉浸在自己的故事里时，她会变得雀跃，变得风趣。当然，她也许还会再讲一遍。难道因为我以前听过这个故事，所以她就不该再讲给别人听吗？怎么会呢！这是丈夫和妻子应该为对方付出的：倾听彼此的故事。这也是和朋友相聚时的乐趣之一，我们非常喜欢这样做！”

保拉：“当我们和朋友聚会时，我发现我和鲁宾开始以一种我们以前不会和彼此倾吐的方式谈话。有一天晚上，我们和几个朋友谈到了伴侣的父母，鲁宾说了我父母很多的好话，这些话我从来没听他说过——他说他非常庆幸有这么贴心的岳父岳母。我的意思是，我知道他很喜欢他们，但我从来没听他用这种方式表达过。和朋友在一起的时光十分宝贵，因为这为我们的婚姻带来了新的内容。”

我采访过的所有幸福伴侣基本上都至少有一种共同爱好。他们可能会一起工作或一起经营小副业、收集古董、一起跳舞或打网球、一起享受旅行等。他们通常也有各自不同的兴趣爱好，但他们尊重并享受彼此的爱好，并且至少有一个共同爱好或特长能让他们都觉得兴奋。这些伴侣不是过着“没有交集的平行线”生活，他们的生活交织在一起，所以他们自然有大量时间相处。

研究休闲时光的社会学家证实了我在采访中得出的结论：共同度过休闲时光的丈夫和妻子往往比各自度过休闲时光的丈夫和妻子对婚姻更满意。

我的一位亲戚曾经考虑过写一本书，为伴侣提供富有创意的双人活动。她慷慨地给了我一份她打算推荐的活动清单，方便我列出其中一些活动。我发现了以下这些实用且美好的建议：

- 一起画一幅画或做一个手工小物件。
- 一起上课（舞蹈、摄影、烹饪课等）。
- 和另一对伴侣一起烹饪一顿具有民族特色的晚餐，并穿上相应的民族服装，戴上民族首饰。
- 事先相约同一时间出现在酒吧吧台，然后和对方“搭讪”。
- 在美丽的公园里散步，给看到的人编故事。

- 一起去游乐场玩，假装自己还是个 10 岁小孩。
- 计划到美丽的公园或树林里野餐。试着为对方做特别的午餐。
- 给对方读故事。
- 去动物园。
- 播放你们最喜欢的音乐，在房子里自由地共舞。或找到一片湖泊或草地，带一个便携录音机，在室外跳舞。
- 去参观画廊。
- 以你们的工作或兴趣为主题创建一个自己的棋盘游戏。
- 开始收藏某种东西（比如贝壳、邮票、茶壶等）。
- 一起拼装一件家具。
- 为朋友策划一个惊喜的郊游日。
- 在疗养院度过一个下午，为那里的“居民”带去欢乐。
- 完成一次“能力交换”活动，比如“如果你修理漏水的水龙头，我就为你缝纽扣”，或者教对方一些新技能。

如果你不能在以上的清单里找到激发灵感的休闲活动，你可以自己设计一个这样的活动。因为如果你们很少抽出时间一起娱乐，你们的关系就会受到影响，而你可能没有意识到其中的原因。另一方面，一起共度休闲时光可能比想象中更能增强你们之间的亲密感。

无议程时间

在一个让人感到身心舒适的环境里，不用提前策划活动事项，只需要安静地享受闲聊时光也能增强我们的亲密感。在这段时光里，我们会以一种在其他场合从未有过的方式主动发起交流，我们会评估目前生活中各种事情的整体进展，或者开始为下一个假期制订计划，又或者问对方一些之前忘了问的问题，比如："你喜欢他们在沙发上方挂的那幅画吗？"我们开始意识到这段时光多么宝贵，但又多么容易流逝。

我们把这段时光称为"无议程时间"，这段时间至少持续 30 分钟（如果是几个小时或一整天会更好）。并且在这段时间里，你们只能一起放松自我，不能做其他事情。你们不必事先计划任何特定的话题，只需让你们之间将要发生的事情自然而然地发生。当然，通常来说不会发生什么大事，有时候你们可能会黏在一起卿卿我我，但重要的是你们会在这种时刻提到那些可能在其他情况下永远都没有机会讨论的话题。也许多年以来，你们可以在避而不谈个别话题的情况下轻松愉快地相处。但当你们以某种方式"被迫"聚在一起时，这些话题就会浮出水面，而你们的关系会因此进一步深化。

有一次，我和迈耶漫无目的地谈论着我们的儿子，然后我们开始研究起让他上艺术学校的想法，这是我们两个人之前都没有考虑过的。（顺便说一句，他后来的确上了艺术学校。）我们也会经常谈论彼此的工作，我们成了彼此的参谋和策划。这段时间异常宝贵，但我们都不曾说过"我们花一个小时谈谈怎么改变你的事业吧"这种话。

你可以通过许多形式获得优质的"无议程时间"。

“鸡尾酒时刻”（鸡尾酒不是必要的）是一天中放松和闲聊的好时光，尤其是在晚上没有特别日程安排的时候。

驾驶也是获得无议程时间的最佳方式之一，因为你被困在车里，没法做其他事情。我认识的一对伴侣（他们一起工作，在家里办公，所以他们日常不用通勤）会在周末开车上路。他们会找到一条美丽的乡村小路，和彼此享受美妙的风景。

外出用餐也可以是一种优质的无议程时间。勒妮和杰伊常常会期待周日早上到镇上的某个地点享用早午餐。他们去之前已经看完报纸，所以他们到餐厅后就开始享受他们说的“闲聊时光”。（我认为这属于一种无议程时间！）

出游时光

幸福伴侣会为自己创造特别的时光——从心血来潮地出去买酸奶这类闲逛，到晚上去看戏剧或周末外出游玩。不论是哪种活动，这些时间都让他们能够摆脱家庭、工作、孩子的干扰，把最主要的任务放在放松身心和享受彼此的陪伴上。在我和大多数伴侣的谈话中，他们都会不由自主地提到定期一起出游放松的话题，并且他们认为这件事很重要。蒂姆和萨拉组成了一个重组家庭，并且他们两个人都有高强度的工作。萨拉是一名记者，而蒂姆是一名承包商。

蒂姆：“我们坚决坚持每个月共度一个两人专属周末。真的。我们已经预订好接下来12个月的家庭旅馆住宿。因为我们发现，如果我们不专门抽出时间，总会发生一些事情让我们无法脱身。但专属周末对我们来说真的很重要。我们非常期待这样的周末时光。一个月一次的频率很高，还没等你察觉，下一个两人周末就又到来了。有时候我们没赶上计划，我们会想，就待在家里吧，趁着洗衣服、打电话、购物的空隙聊聊天好了，但最后我们还是出去了，并且我们总是十分庆幸我们去了。我的意思是，我们因此共度了一些非常美妙的时光。这些周末时光好像会在接下来一个月里继续萦绕在我们的心头，让我们的内心一直感到平和、宁静，还会产生一种有彼此相伴的感觉。如果你和伴侣一起共度这么多美好时光，你们就永远不会疏远彼此。"

玛格丽特："我们可能会连续几个月都不去任何地方游玩，一部分原因是我们喜欢自己的生活。我们享受自己的工作、日常安排和孩子们的陪伴。但当我们终于打算休息并出去游玩，而且只有我们两个人的时候，那种感觉太棒了。我们不敢相信我们之前竟然没有经常这么做。"

关系发展时间

我采访过的大多数幸福伴侣都会经常提起他们的关系。他们不会因为我问的任何问题感到惊讶，因为他们自身已经探讨过这些问题了。他们没有任凭关系自由发展，恰恰相反，他们非常重视彼此之间的关系，经常会在不经意间自然而然地探测关系的发展脉搏。

此外，正如我们当中许多人会定期提升专业技能一样，幸福伴侣也会积极寻求各种途径培养和深化关系。他们中部分人会参加一个或多个专门为了充实婚姻而开设的周末研讨班。我听说过的有瑜伽周末班、格式塔心理团体班、沟通技能研讨会、亲密研讨班、育儿班、婚姻充实周末班、婚姻交流班等。一对伴侣参加了亲密感马拉松课程，他们要在一个没有书籍、电视、手机或其他干扰物的房间里相处 12 个小时以上。

在我自己开设的幸福婚姻研讨班上，所有小组成员会在一家酒店共度周末。我们会聚在一起进行讲座和小组练习，然后邀请这些伴侣各自回到自己的私密空间，一起做一些练习。这种周末研讨班是为了让伴侣获取全新而深入的交流体验，大多数伴侣都觉得这种交流非常愉快。这些周末研讨班提供的指导和营造的氛围让参与者有机会获得发自内心的亲密感。此外，这些伴侣也会学习到保持亲密感的新方法。

幸福伴侣一旦陷入感情困境，就会迅速寻求帮助。他们并不害怕咨询婚姻顾问，因为他们对彼此足够了解，清楚咨询过程中不会发生什么意料之外的事情，他们对关系中的问题或双方之间的障碍容忍度很高，渴望获得能帮助他们渡过难关的新见解。如果他们不知道如何解决某个问题，或者他们发现自己遇到了严重的沟通问题，他们就会和一位值得信赖的朋友交谈或者找婚姻顾问咨询几次。他们不会假定关系本身会自行修复，而是意识到其他人的客观看法可能会帮上忙。

现代社会中，我们的亲密关系常常很短暂，其中一个原因是我们并没有把“关系趋向”提上日程，我们的日历上只有“员工会议”“接孩子”“烤个蛋糕带到聚会上”等事项。我们通常不会写上“关注我的婚姻”，但其实我们应该这样做！

大多数人都会受天性驱使先做那些我们认为紧急的事情，不论这些事是否真的重要。这种行为方式的问题在于，一些真正重要的事情永远不会被完成——因为我们觉得它们不够紧急。建立、培养和体验你和你爱的人之间的关系也许是你生活中最重要的活动，或者至少是排名前二或前三的活动。你是否在这上面投入了足够的时间呢?

高质量的相处时间

我们生活在一个快节奏社会中，微波炉和电脑等省时设备非但没有赋予我们更多休闲时光，反而让我们对一个小时内可以做完的事情有了更高的期望。因此，我们匆匆忙忙，努力追求一切和获得一切：吃快餐、速读书籍摘要、通过简短的语音信息来和彼此沟通。我们在“高科技时间”下运转着。

自然界的节奏是完全不同的：想想海浪涨落的速度，太阳落山的时间，或是花蕾长成花朵的时间。大自然永远不会匆匆忙忙，它有自己的节奏，没有什么紧急的事情能够阻止它简单地遵循自己温和、从容的节奏。

高质量的相处时间就像自然时间一样不紧不慢，它按照需要的节奏运转着。恋人的相处就是一种真实时间的模式，当他们在一起时，日复一日的忙碌模式逐渐消失，他们设定了自己的节奏。整个世界可能从他们眼前飞驰而过，但他们不会随之变得匆忙。在一起多年的幸福伴侣偶尔会发现自己处于高质量相处模式下的小绿洲里，也许是一次短暂的周末出游，也许是一个悠长的假期。这种模式可能会被一场讨论或一次情感事件触发，可能是开心的，也可能是悲伤的。在这种时刻，他们两个人会完全向对方展示自己，拥抱彼此，注视彼此，一直聊天或者一起慢慢地走一段很长的路。他们不会注意到时间的流逝，时间对他们没有约束力，一切都自然而然地发生。

当我向谢里和汤姆解释“高质量的相处时间”的意义时，他们会心一笑。

谢里：“我们抽签赢得了拉斯维加斯之旅。我们不是爱赌博的人，但还是去观看了表演，享用了高级自助餐，看了看那里的人。那个周末我们碰巧心情都很愉快。我刚刚通过一场漫长而艰苦的斗争获得了教职，这对我来说真是一种巨大的解脱；我们的儿子在体操比赛中获胜了；我们开始扩建房子，这些都让我们非常兴奋。那是一段一切都非常顺利的美好时光。到了拉斯维加斯几天后，我们就没什么事可做了。于是我们就开始放松下来，进入一种奇妙的状态——就像我们刚谈恋爱时那样。我们坐得很近，畅聊了几个小时，然后亲昵地依偎在一起。

在我们结束旅行后，我想要延续那种感觉，但我觉得汤姆好像已经回到了另一个世界。我有时会提醒他，并试图带他回到那种状态，但我们没办法完全重拾那种感觉。那种感觉挥之不去——至少对我来说是这样。我很开心我可以和爱人有这样美妙的体验。”

汤姆：“这种感觉总会再回来的，我并不担心，我觉得你需要给这些事情一点儿时间，让它们自然地发生，你没办法事先计划。”

实验 8　让日程安排多样化

在笔记本上列出以下内容：日常交流、生活仪式、娱乐时光、无议程时间、出游时光、关系发展时间和高质量的相处时间。为每项内容想出一项活动，并在接下来的四到五周内安排所有活动。

当一段关系似乎陷入困境时，它可能真正需要的只是大量的时间。伴侣经常会误判这类问题，从而互相指责或引发一些令关系紧张的事情。但事实上，如果数周都没有高质量的共度时间，即使是最幸福的伴侣也会不再同步。他们会变得自我封闭，不再感到亲近。

多样化也很重要。每周日程安排都一成不变的伴侣可能会厌倦彼此，但真正的问题是他们只是需要让日程安排更多样化。正如投资专家会增加金融投资组合的多样性，幸福伴侣也会让他们的“二人世界”安排更加多样化。

和我交流过的幸福伴侣都认为，对他们来说，在爱和情感上变得富有比在金钱上变得富有更有价值。他们的时间分配方式反映出这种价值观，并且他们都确保用各种各样的方式和爱人一起度过大量时间。

制订一份完整而多样化的时间安排计划可能会是最令你兴奋的事情。从现在开始，你度过每天的方式就是你度过人生的方式。

第四章

清晰的价值观：保持活力

幸福伴侣热爱生活，他们把生命视为一场冒险。在这场冒险中，他们可能会经历恐惧，但不会让恐惧阻止他们得到想要的东西。如果世界上有两种人，一种人宁可牺牲快乐也要竭尽全力避免痛苦，另一种人全力以赴追求快乐，即使这意味着他们需要经历一些痛苦，那么幸福伴侣一定是后者，他们有勇气全力以赴地生活。

当我问这些幸福伴侣他们相遇时的感觉时，我常常听到以下这些回答：

不到5分钟，我就看到了他内心的小火焰。我知道我想进一步了解他。

他身上有一种让我捉摸不透的品质，这种会让生活变得美妙的品质击中了我。

我察觉到我遇到了一个对我来说很重要的人，这个人和我一样热爱生活。

我知道这个人不会让生命从他身边匆匆溜走。

她很特别。我不仅想和她分享我的经历，而且想和她分享我的生活。

我能察觉到她有一种激情。我真不敢相信她没有男朋友，我一直在等她介绍“我的男朋友”，当我最终开口问她后，她却说：“我单身。”我感觉自己的心跳停止了。我早就坠入爱河了，她也是。

此外，我注意到其他作家在不同的语境中也会用各种方式讨论活力这种品质，有时候是试图描述没有活力的生活：

大多数人的生活状态是活在尽情生活的恐惧中。

人生最危险的事情就能是因为恐惧逃避和退缩，从而错过了人生的无限可能。

不要和一个对你的兴趣不感兴趣的人结婚。

我发现，在感知敏锐时，每天多次坠入爱河并不难。也就是说，我发现自己不仅会被其他人打动，而且会被风景、森林的声音、晚上的月光，以及风、光、云、雨的变化打动。虽然这种生动的感知能力听起来很特别，但其实也很普通。如果这是一种魔力，那也是一种普通的魔力，因为它只是一种早就存在的敏锐认知。虽然这种时刻稍纵即逝，但它们让我们知道，如果我们能够用更敏锐的感知体验生活，我们的生活会是多么美妙。

我在那些被我反复采访的伴侣身上都发现了这种明显的品质，但很难用语言描述。我反复删除和重命名本章的笔记所在的文件夹，这个文件夹的名字曾经相继是“幸福”“强度”“积极态度”“觉悟”“意识”“丰富”，但这些都只是我讨论的内容中的一部分。我开始意识到，我在所有伴侣身上看到的这种品质并没有一个固有名称，我必须自己创造一个。最终，我在涂涂改改的文件夹上写下“活力”，然后就这么定下来了。

活力就是尽情地完全地投入生活，而不是只当生活的部分参与者。活力需要我们有对自我深刻的认知、与他人和环境的真正联系以及对当下敏锐的感知。尽情生活的人对快乐有更深刻的感知能力，他们能感到生命的涌动，并且自己会随着生命而涌动。他们发现快乐是一种选择，他们关注自己喜欢的事物，而不是不喜欢的事物。他们愿意经历痛苦，因为他们知道如果身体无法感知痛苦，那么也就无法感知快乐。最重要的是，他们想要体验生活中的一切，而不是只过着一成不变的生活。

这让我想起书中关于云雀和青蛙的寓言：青蛙们生活在黑暗的井底，云雀不时会飞来探望青蛙，告诉它们井外的世界有多么精彩。云雀说到阳光、草地、鲜花、树木和潺潺小溪，这些都是青蛙从未见过的事物，青蛙认为云雀的故事太不可思议了。但当云雀试图劝说青蛙跳出井外时，青蛙就变得愤怒，因为它们觉得自己需要继续做一些生活中更重要的事情，比如在黑暗的环境中学会制造灯泡。最后，青蛙觉得云雀对它们的生活方式造成了威胁，于是杀死了云雀，并把它制成标本。

缺乏活力的人甚至无法想象拥有活力是一种什么样的状态，因为他们从来都没有体验过。他们不愿相信会有更美好的事物，因为那样的话，他们可能需要通过一些努力才能达到目标。所以他们找借口，编故事告诉自己不能改变的理由:“我天生就是一个悲观主义者”“我很害羞”“家族遗传”。他们似乎无法或不愿意接受这样一种观点：他们可以选择体验生活的更多方面，虽然这样做的时候，他们不一定会更快乐，但会有更多的亲身体验，和别人也会产生更真诚而奇妙的交流。

当然，世界并不是简单地分成两种人：有活力的人和麻木的人。我们大多数人都具有活力这种品质，并且可能在两种状态之间来回切换。但大多数拥有真正美好关系的伴侣似乎都是极具活力的人。

活力和成就

幸福伴侣最明显但又藏得最深的一个幸福秘诀是，他们像重视成就一样重视活力。不论他们取得了多么伟大的成就，或者对工作多么投入，他们都将亲密关系排在第一位。里克表示：

> 对我来说，做任何事情的意义都是和马尔纳分享。不久之前，我发表了一篇期刊文章，这是我4年工作的成果，这真的令我非常激动。我接受了几家报社的采访，并收到了世界各地同行的来信。但如果没有马尔纳和我一起分享这个成果，这种兴奋会变得空虚而无用。我的意思是，我无法想象那会是一种什么样的感觉。等报社的采访热潮过后，马尔纳对我的赞赏仍旧不会改变，这是我们两个人共同打造的回忆之一。
>
> 对我来说，关系不像工作、金钱、房子等，只是生活的一个方

面。相反，关系就是生活。其他所有事物都只是为关系服务，而关系是一切的支撑。所有富有价值的工作之所以宝贵，是因为它们深化了人与人之间的关系。

许多不幸福的亲密关系存在的一个问题是，伴侣中的一方或双方都只把亲密关系看作生活中的一个小部分，一个锦上添花的部分。对这些伴侣来说，他们的工作和成就比对彼此的爱更重要。

几年前，我的一位朋友决定放弃她在伯克利的心理治疗实践，到东部城市的一所大学任教。6个月后她回来拜访时告诉我：

> 我正在我的领域里取得进步，我很喜欢这种感觉。并且其他教师也很尊重我，这让我感觉很好。但我失去了一些东西，好像身体里的一部分已经死去。我没日没夜地工作。在伯克利时，我觉得自己每天都很开心，关心周围的事物。我的意思是，虽然当时我也经历了一段艰难的时期，不一定一直都很快乐，但我觉得自己更用力地在生活。当时的我非常清醒，关注自己的感受。不论什么感受，我都用心去体验。现在我把自己整个封闭起来了，我就像一台工作机器——一台效率很高的机器。我觉得生活应该由两件重要的事情组成：获得成就和体验活力。但是相信我，成就的重要性总是被高估！

为了方便讨论，我们假设每个人都有两种基本需求：获得成就的需求和体验活力或生命力的需求。总的来说，这两种需求区分了工作和娱乐，成就和快乐，世俗的成功和内在的满足，依赖成就的自我价值感和身体的快乐。

在繁杂的世俗生活中，人们优先奖励成就、工作和成功，但忽视或在某些情况下极力反对娱乐、与他人的接触和创造力所带来的活力，他们总是没办法在生活中平衡这些。我们知道成就的重要性，但同样重要的还有尽情地生活。我们不会在这方面想太多，也没有系统地学习增强活力的技能，所以我们会习惯性地忽略这些。如果你没能实现某件事，其他人都会知道，而你也可能为此感到羞愧。但没有人会关心，甚至没有人知道你是否快乐或是否拥有活力。你可能早已习惯自我封闭，甚至都没有意识到这一点。19 世纪的哲学家索伦·克尔凯郭尔曾经提到这种观点的讽刺之处，他说："最大的危险就是失去自我，因为自我的消失悄无声息，好像什么都没有发生。而其他损失——比如失去一条胳膊、一条腿、配偶或 100 元钱，等等，一定会引起人们的注意。"

最初不想要的，就算拥有再多也不会满足

比忽视活力和快乐的倾向更隐蔽的问题是，有时候我们不知道怎么区别活力和成就，并且常常混淆二者。我们认为，通过追求"成功"，我们将收获生活充实的回报。但实际上，如果不懂得平衡获得成就与体验活力之间的关系，我们越努力地追求成就，就越容易缺乏活力。这有点儿像伊索寓言中阳光和风的比赛：阳光和风打赌看谁先让男人脱掉外套，结果风吹得越大，男人就把外套裹得越紧。

我们中有些人也在付出同样徒劳无功的努力。虽然他们隐隐约约地意识到，自己渴望快乐、有活力和有意义的生活，但他们只知道如何追求成就。他们永远无法实现所有的目标，因为事实证明，他们想要的并不是"成

功”，而是活力。如果某种事物不是你一开始最想要的，那么你就不会在这上面得到满足。他们一味追求成就，是因为他们不知道如何追求幸福和活力，所以才试图用所谓的成就来取代真正的快乐。

当人们用不合适的方式追求内在意义时，困惑便会产生：

> 沉迷权力的男人和女人被自己内心的无力感和无价值感驱使。追求权力是为了向一些缺乏批判眼光的人证明，我们配得上没有得到的爱和接纳。我们本希望被臂膀拥抱，但“武器”却取代了臂膀。当我们误以为商品可以弥补家庭和社会的缺失时，我们就会寻求经济权力。

幸福伴侣本能地理解了成就和活力之间的区别，他们更看重活力。例如，布鲁斯和简都决定限制自己世俗意义上的“成功”，从而让自己可以更好地享受生活和亲密关系。

布鲁斯决定在自己的零售生意如火如荼的时候卖掉它，因为这项事业让他筋疲力尽。他非常想要成为一名作家，因此他变卖资产开启写作生涯，在接下来几年里靠以前的积蓄度日。

简是一位医院治疗师。虽然有不少同事都去了私人诊所，因为这样会使收入翻倍，但简并不打算这样做。她喜欢医院的团队精神、规律的作息时间和稳定的客流量。

简和布鲁斯都全身心地投入工作，并从中获得了巨大的满足感，同时他们有足够的时间以各种各样的方式和对方相处。他们每天都会腾出时间一起跑步，也经常邀请朋友们共进午餐。他们的生活相对来说没有什么压力，节奏简单轻松。这是他们经过深思熟虑做出的选择——因为他们更看重的是有活力的生活。他们不想错过生活，不想在某一天早上醒来，发现自己已经好几个月没有和对方一起度过高质量的时光了。

简告诉我，有一年她决定在另外一家医院兼职教学工作。这是一份备受尊崇的工作，她也非常喜欢这份工作。但这项工作让她花费了很多时间，并且给他们的生活带来了一些压力。简清楚地认识到，这份工作不值得她付出如此高的代价。因此，一年后她就辞职了。

很多时候，我们没能区分对成就的需求和对生活活力的需求，没能发现我们对活力和快乐的需求，这些都增加了生活的压力，减少了生活的乐趣。我们竭尽所能攀登成功的阶梯，结果却发现它靠在了错误的墙上。因为在大多数情况下，我们并没有意识到造成痛苦的真正根源是什么。

几年前，我为一对伴侣提供咨询，他们在很短的时间内积累了大量的财富。这对伴侣中，杰西卡是一名律师，托德是一名非常成功的房地产经纪人。他们提前实现了结婚时的梦想，分别在他们 32 岁和 25 岁时，不仅住进了梦想中的房子，而且托德还获得了几个享有盛誉的奖项，杰西卡在一名招聘主管的引荐下得到了一份工资翻倍的工作。但他们并不快乐，也不明白自己不快乐的原因。

随着时间的推移，我发现他们的问题在于，他们从这些成就中得到的自我满足感，无法给他们带来亲密关系中所能寻求到的那种快乐和活力。他们把对成就的需求与对活力的需求混为一谈。他们都是工作狂，所以他们从来没想过，除了在事业上实现目标，还有什么事情可以带来快乐。

也许我们渴望亲近，渴望感受情感的澎湃，渴望敞开心扉，随心所欲。也许我们渴望快乐和活力，但如果我们试图通过升职、买车、做更大的买卖、让别人因为我们的笑话发笑等方式来缓解这种渴望，我们就只是在满足我们的自我价值感，而不是寻找体验快乐和活力的方法。让我们更快乐、更有活力的道路，是通向内心，通向自我，而不是通向外界，这和提高每一刻的质量有关。我们和外界有关的体验可能会引发快乐，但只有一个充满活力的、开放的自我才能体验到快乐。

甚至一些旨在提供快乐的活动，实际上也只是满足了自我价值感。我认识的一位女士会买歌剧院的季票，因为这是有钱人会做的事。她每看一部歌剧就买一件新礼服，她挂在嘴上的都是自己在剧院的所见所闻。从她的言语中，我听不出她去那儿是为了放松身体和感受音乐，我甚至不确定她是否真的会欣赏这里的音乐。

即使是看似能够让人快乐的健康活动有时也不能达到目的。节食、运动、护肤、跑步和参加竞技运动，可以帮助我们通过自我价值感的实现来满足对成就的需求，却无法满足身体对活力和愉悦感的需求。

活力和亲密感

如果说成就和活力是生活中的两大主要目标，那么爱情位于哪里呢？爱情可以完全归入活力这一个领域。如果爱情不能增强你的活力和充分体验生活的能力，不能增添生活的乐趣，那么你就没有理由进入一段爱情关系。关系和成就无关。如果你以成就为导向，以自我为中心，没有活力，那么你爱的能力和发展幸福关系的能力自然也会下降。如果你对快乐和活力的感觉麻木，你就可能陷入爱情的陷阱，无法体验到自然出现的善意、无条件的爱、完全的接纳和发自内心的慷慨。

活力和快乐不是一回事。活力是你充分体验任何事情的能力，无论这件事是愉悦还是痛苦，喜乐还是忧伤，狂喜还是悲伤。

活力和活在当下有关，接受生活的种种，把它们看作旅途中的风景：不论是高山还是低谷，不论是崎岖不平的道路还是平坦乏味的长路。如果你不享受追求成功的过程，那么当你取得成功后，你很可能也无法体验到成功的快乐。

幸福伴侣总能在和彼此相处的过程中体验到许多愉悦感。让我们来仔细地分析一下吧。

愉悦感

愉悦的体验可能在日常生活中任何情况下发生。实际上，这种体验可能会发生在许多意想不到的场合，而且不用通过精心地准备就能获得。你可以从很多方面体验到愉悦感，包括以下这些：

- 全身心地投入到某件事中以至于忘记了自我的存在。
- 允许自己充分地、发自内心地表达自我。
- 感受情感的自由流动。
- 品尝、触摸、倾听、观察和嗅闻各种事物。

一些体验可以带来快乐：感官体验、游戏（特别是不带竞争目的的类型）、超然物外的精神体验、发现的喜悦、掌握技能的兴奋以及焦虑和压力的缓解等。

当然，爱是生活中最愉悦的体验之一。充满爱意的亲密纽带可以为生活中的每一种体验增添愉悦感和幸福的色彩。关于爱人的小心思、记忆、期待和共同经历都能让人感到愉悦。

我们中大多数人都能在生活中体验到比现在更多的快乐和愉悦感。也许，我们花费大量精力压抑积极情绪，切断自己和快乐体验的联系，是因为在童年时期，许多和愉悦感有关的体验都被消极化了，以致于我们常常把愉悦感和剥夺或焦虑联系起来。例如，如果我们的父母因为太忙无法给我们渴望的拥抱，我们就会把身体接触的快乐和被剥夺或被忽视的恐惧联系起来；如果我们的父母教导我们性是下流的，我们可能就无法享受性爱。

成年以后，我们表现得好像太多的快乐会毁掉我们。我们坚信真正的欣喜是罕见的，我们不该期望它会时不时发生，而痛苦是司空见惯的，生活就是一系列的问题和压力。这一点可能是正确的。但我们为什么不能期待同样多甚至更多的快乐呢？我们为什么不觉得深切的喜悦和满满的活力可以像压力一样，融入日常生活中呢？

幸福伴侣相信愉悦感的存在，并且允许自己经常体验愉悦感。

身体和自我价值感的对立

成就和活力的对立在生活中的表现形式是自我价值感和身体的斗争，自我价值感总是渴望成功，而身体总是渴望愉悦感和活力。

体验活力的是身体而非头脑。思想或外在的体验可能会引起感官的愉悦，但愉悦感是在身体里面流动的。

我们接受了多年的正式教育来塑造头脑，发展思考的能力，但却没有系统且正式地培养身体的感知能力（品尝、触摸、观察、倾听和嗅闻）、呼吸、运动、感受或表达自我。除了把身体当作满足（或打击）自我价值感的工具，我们很少注意到它。

我们一直以来都知道的一个原则：思想、精神和身体并不是分离的，而是一体的。

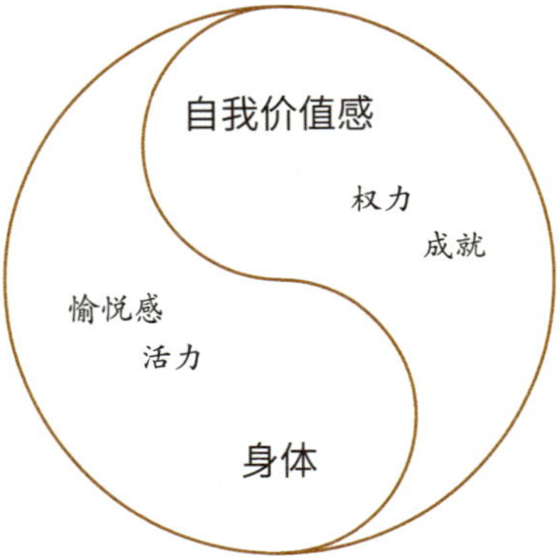

我们用身体庆祝各种生命仪式。美洲原住民和非洲人用热烈的舞蹈来表达对众神的敬意，从而探索身体运动、呼吸、表达情感的能力。瑜伽强调通过严格的身体训练——包括调整呼吸深浅等，让身体、思想和精神融合。中国的太极拳也强调让身体充分呼吸，锻炼身体的运动能力。

实际上，大多数人的运动潜能比实际表现强。“我好几个月没跳过舞了，动起来的感觉真好。”你上一次这样说是什么时候？在你尚未做过瑜伽或冥想等练习前，你甚至很可能还没有让身体充分发挥呼吸的能力。正是运动和呼吸让我们的身体挣脱束缚，去感知情感，发挥创造力。

能够让我们更敏锐地体验愉悦感，从而增加亲密感的唯一途径是像关注成就需求一样关注活力需求。如果你决定逐渐地把更多的时间和精力投入到愉悦的体验中，那么就不要太在意外界的认可，而要寻求内心的认可。请想象以下的对话：

乔：“嗨，萨姆。你最近在忙什么？”

萨姆：“噢，我刚为公司签了两份大合同，这周末我在俱乐部的高尔夫锦标赛中拿了第二名。你呢？”

乔：“噢，我最近一直在做深呼吸和伸展运动，还经常在我们家附近的树林里散步。我现在每周做一次按摩，还上瑜伽课。”

这种对话可能不会经常发生，因为仍然有许多人认为成就远比活力更令人尊敬，事实上，这两者对我们来说同样重要。

更多地关注你的身体和你正在经历的事是一种让你的生活更具活力的方法。但是对有些人来说，对愉悦感的忽视已经根深蒂固，他们需要帮助才能破除这种习惯。

以下练习能够帮助你开始注意并改变意识的模式，让你开始“收听”身体的需求。不论你是这种意识游戏的新手、老手还是介于二者之间，你都会发现这个练习非常有用。

实验 9　倾听自己身体的声音

1. 你可能想找个朋友坐在旁边和你一起做这个练习，朋友可以在一旁陪着你和听你说话。如果你自己一个人做，请大声地和自己对话。先闭上眼睛做几次这个练习。然后一定要试着睁开眼睛做。

请坐下或躺下，让自己感到舒适。如果你坐着，请坐直。

先对自己说："我意识到______。"在空格中加入适合此时此刻的任何话语。例如："我意识到有辆车经过。""我意识到我的脚趾很凉。""我意识到我的腿部肌肉很紧张。""我意识到炉子上的米饭熟了。""我意识到我的鼻子痒了。""我意识到这种感觉很傻。""我意识到我的背靠在椅子上。""我意识到房间很安静。""我意识到我只是动了动脚。"

继续说下去，持续 5~10 分钟。按照自己的节奏每天做一次或每周做两次练习，但至少要做 15 次，看看会发生什么变化。

2. 观察自己是否能够每天多次注意到身体的体验。

尝试着对自己说："我觉得我的______感到______。"在第一个空格中填身体的一部分，第二个空格中填一种感觉。例如："我觉得我的下巴感到紧张。""我觉得我的胃感到饥饿。""我觉得我的胸口感到温暖。"

我们大多数人都认识一些能够在生活中平衡愉悦感和权力需求的伴侣，他们能够成为我们的榜样。一般而言，他们都找到了缓解生活压力的方法。他们发现工作会让他们感到快乐和满足，但不会消耗他们的全部。他们可能正为实现某些目标努力着，但他们不会认为生活中的一切就是为了实现目标，虽然他们也享受实现目标的过程。他们明白生活是一段旅程，而不只是一个目的地。我们被这些伴侣吸引，正是因为他们看起来“充满了活力”，对生活富有热情。

为了在生活中建立一段幸福的亲密关系，你必须学会区分权力和愉悦感。当你觉得空虚或不满足时，思考一下是更多的权力还是更多的愉悦感可以填充这种空虚。我们都需要保持生活的平衡，对大多数人来说，这意味着我们需要增加自己的愉悦感和获取愉悦感的能力。我们必须意识到，不断地追求更多的权力和成就使得我们对活力的渴望永远不能被满足，反而会因此更加渴望活力。请记住，我的朋友说的“成就往往被高估了”很可能是真的。为了提高自己获取活力的能力，请做出选择，开始体验愉悦感吧。

我曾在一次研讨会上提到愉悦感，一位参与者问我是否在提倡享乐主义，随后我们进行了热烈的讨论。让自己更有活力以及充分提高自己体验生活的能力和享乐主义无关。享乐主义学说提倡愉悦感是最高的利益，一个人应该全力以赴地追求愉悦感，即使这意味着牺牲一切。我只是认为愉悦感是生活中的一种美好事物，因此很多人对愉悦感的逃避其实是经历的一场非必要的悲剧。为了忍受我们自己设定的生活，我们被迫埋葬了一些获得愉悦感的能力。在这个过程中，亲密关系也会受到影响。

实验 10　寻找生活中的活力

1. 列出你具有代表性的一天或一周的所有活动。

2. 回顾清单，在促进活力的活动旁边标注 AL（“活力”的英文单词 aliveness 的缩写），在促进成就的活动旁边标注 AC（“成就”的英文单词 achievement 的缩写）。也许你还会发现第三种分类很有用：用 M 标注需要日常维护的任务（“维持”的英文单词 maintenance 的缩写）。有些活动可能有不止一个标签。

3. 你对以上三种活动之间的平衡满意吗？你能找到办法花更多时间提升自己整体的活力吗？

4. 如果钱不是问题，并且你可以完全自由地按照自己的意愿度过一周，你会用这些时间来做什么？你能找到方法把你想在这段时间里做的所有事情纳入现实生活的安排中吗？

幸福伴侣充满活力，因为他们一开始就认为生活是充满激情的。他们在生活中寻找激情，并且也找到了。他们的工作很有趣，但他们从来不会让自己的职业追求占据整个生活。他们重视成就、创造力、活力和爱。

在思想和精神上保持活力意味着保持一种积极向上的态度，让身体保持活力意味着呼吸、自由而优雅地运动、感受和表达出现的任何情感。这些都不复杂。想要从现在开始变得更有活力，只需深呼吸，伸展身体，活动肩膀，想想你有多爱你的伴侣，然后微笑。

第五章

尊重双方的边界感

很久之前，诗人罗伯特·弗罗斯特就说过："好篱笆造就好邻居。"他探讨的正是人类存在的一个最基本的讽刺。我们每个人都渴望爱，渴望亲密关系，渴望亲密感和归属感，渴望与我们爱的人和爱我们的人建立情感纽带，甚至融合在一起。但我们每个人同时又渴望独立，渴望掌握自己的生活，渴望自己做决定，渴望不受他人的影响。这两种需求存在于一种紧张的拉扯之间，我们每个人都在两个极端之间来回切换。一旦我们屈服于其中一种需求，另一种需求就会立刻跳出来大喊大叫，引起我们的关注。如果我觉得孤单，我就会渴望亲近。如果我觉得和他人走得太近，我就会渴望独立。最后，只有当我们能够建立起良好的"篱笆"，精心地划分每个人的界限，我们才能够完全与他人亲近甚至建立亲密关系。

幸福伴侣可以很轻松地在独立和亲密之间来回切换，因为他们知道

如何建立界限。他们对待独立的轻松态度让他们成为一个亲密无间的整体。一对伴侣告诉我："我们不是'已婚的单身汉'，而是独立的两个人，但我们有共同的生活，不管做什么事，我们都会考虑彼此。"

我们很容易就能观察到，儿童在与他人的联系和独立自主之间来回切换。一开始，婴儿完全依赖他的照顾者。但当他有了能力，他就会试图独立于他的照顾者。一个 2 岁小孩可能会强烈地反抗父母建议的一切，但如果父母晚上没来哄他睡觉，他就会感到不安。虽然这种平衡行为在儿童中更明显，但很多时候，成年人也无法完美地解决这个问题。就像走钢丝的人需要不断地做出细微的调整，我们也必须持续努力地在独立自主和与他人联系之间来回切换。这是每一对亲密伴侣都会遇到的关键问题：我想要成为这段关系的一部分，但我必须仍然是一个独立的个体。我什么时候应该牺牲伴侣的需求来满足自己的需求？什么时候又该牺牲自己的需求满足伴侣的需求？哪些是我的事情？哪些是伴侣的事情？哪些又是我们共同的事情？我该对什么事情保密，又该分享什么事情？

弗罗斯特给出了答案：那些能够建造出最好的"篱笆"的人可以成为最好的邻居。"篱笆"不是敌对的障碍，而是划分明确的界限，它让人们能够自由地活动，同时相信对方不会侵占彼此的领土。

已婚伴侣建造"篱笆"时遇到的最难的部分其实不是建造的过程，而是确定在哪里筑起"篱笆"。邻居可以根据地契请测量员来确定预设的界限，但已婚伴侣却没有方便的地图或表格能派上用场。每对伴侣都必须从头开始，必须逐步解决这些关键问题：哪块是你的领土？哪块是我的领土？哪块是我们共同的领土？开始时界限和结构越清晰，关系就能越轻松自由。如果没有设立明确的界限，这段关系中的个体就无法得到自由，因为他们必须时刻分配精力监视自己的领土。

如果你们之间有明确的预设界限，你们就不需要和彼此保持距离。每对伴侣都需要花费数年时间来协商各种界限。顺便提一下，这也是为什么良好关系越长久就越美妙的原因之一：经过多年的相处，伴侣双方都清楚并尊重彼此的界限，他们不再需要花费时间和精力协商，也能更自由地亲近。

每对伴侣都必须在各个方面设立界限：哪一部分是你的时间？哪一部分是我的时间？哪一部分是我们共同的时间？哪一部分是你的、我的、我们的空间？你的、我的、我们的秘密是什么？你的、我的、我们的感情的责任是什么？

时间、空间、家务和金钱是最显而易见的“领土问题”，也是关系中最先出现的问题。秘密、情感责任和心理问题则比较微妙，这些问题可能更难协商，因为就算伴侣双方愿意协商，他们也可能无法在这些方面轻易地改变自己。让我们先来看看更简单（但不一定更容易）的问题。

时　间

我单身6年后才再次结婚。结婚后，我必须做出的最艰难的调整就是我突然没有多少时间和我的女性朋友在一起了。在遇见迈耶之前，我生活的大部分时间都在社区里而不是公寓里度过。我总是外出，通常是为了这样或那样的事和朋友们见面，而且通常每天晚上和不同的朋友见面。结婚以后，我生活中大部分时间突然开始变成在家里度过。迈耶想当然地认为我大多数晚上都会在家，而且我们会一起计划怎么共度夜晚。当然，我也想和他一起共度晚上的时光，但我不愿意就这样抛弃我的朋友们！她们也在向我施压，把我向她们拽过去，问我：“苏珊，我什么时候能和你见面？”

我觉得筋疲力尽。就算我晚上真的出去了，迈耶也总是想知道我几点回家。我会告诉他一个时间点，比如 10 点半，然后到了 10 点半我会打电话跟他说我会晚点儿回去。我觉得这样做很愚蠢，但我又觉得他有权利知道会发生什么。

我们都对此感到很不开心。每当我晚上打算外出时，我就会觉得内疚，又因为内疚感到不开心。迈耶注意到我在努力减少自己的时间，为他留出更多时间，但他觉得一切都掌握在我的手中。我们的第一个解决方案是协商每次个人活动，但这不起作用。我再一次因为没有事先和他商量就无法规划生活中任何事情而感到沮丧。这些协商对我们来说变成了一件讨厌的事。

我们都尽全力地想平衡自己的需求和对方的需求。我们彼此之间有显而易见的善意，能够看到并尊重对方的需求。但我们都会在牺牲自我满足对方的同时感到自己承受了巨大的损失。最终，为了照顾我自己的需求，建立一道对我来说可行的界限，我制订了一个计划，规定每周三晚上是我的个人之夜。这样迈耶就知道我每周三都没空，而我也知道什么时间可以和朋友们相聚。实施计划后，我有时会提前 5~6 周就规划我的周三夜，但至少我们都知道彼此的界限。我的计划让每个人都感觉良好，不仅是迈耶和我，还有我的朋友们。在这个计划里，我们都有控制权，并且我们的需求都得到了满足。到我写这本书时，这个计划已经实施了多年，而且一直都非常有效。

空　间

南希和乔治很长一段时间都拒绝住在一起，因为他们担心需要在空间问题上进行协商。他们有不同的品位：她喜欢日式的整洁感，他则更喜欢有“生活气息”的样子；她养猫，他对猫过敏；她喜欢小而高效的空间，他想要大而空旷的空间。他们都觉得分开住很好。后来，南希的租约到期了，这促使他们一起找一所房子居住。

他们成功了，因为他们彼此之间有着极大的善意，也非常擅长设定界限。乔治规定一些公共区域不允许猫的进入。南希要求她必须有一个可以一直保持整洁的房间。他们一直找啊找，终于找到一所可以满足双方需求的房子。

幸福伴侣尊重彼此的需求，因为他们对彼此怀有善意，能够保证自己的需求得到满足，同时对方的需求也得到满足，从而达到平衡。因为双方的需求达到平衡，所以幸福伴侣很少会遇到乔治和南希遇到的这种相互对立的情况。他们能够和谐相处，因为他们都关注自己的需求。在他们的相处中，没有任何一方需要冒着被对方“吞噬”的危险。

家　务

我采访的幸福伴侣很少会因为家务起冲突。家务是一个彰显善意的显而易见的领域，公平精神驱使他们用一种公正的方式分配家务。他们的家庭不是传统家庭，即让女人承担大部分家务和育儿责任。在他们的家庭中，丈夫会分担或者全权负责购物、烹饪、清洁、雇用保姆、帮助孩子完成家庭作业和支付账单等任务。妻子也会打理院子、维修家里的东西、给汽车做保养等。大多数情况下，家务是按照传统方式分配的，但没有任何一方觉得自己承担得太多。在某些情况下，即使伴侣中的一方不喜欢自己必须做的家务，他们也同意这种分工是公平的。

一个对妻子有善意的男人会意识到让妻子承担大部分家务是不公平的，特别是当妻子还有一份全职工作时。然而，正如我们所知，在许多家庭中，妻子全职工作，然后回到家继续做“第二份”工作，而她的丈夫则在电视机前放松。

因为家务的划分的确仍是许多伴侣发生冲突的根源，而且这件事很容易就能反映伴侣双方是否存在善意，所以让我们停下来做一个小实验。

实验 11　家务清单和任务评估

1. 列出所有你能想到的家务活、家庭维修工作和育儿任务。在清单任务栏的右侧留出三列空白列。

2. 现在，在每一项内容的右侧，在第一列空白列上写下承担该任务的人的名字缩写，在第二列空白列上写下该任务每周花费的时间，在第三列空白列上给这个任务进行一个“愉悦度”的评分，由任务执行者按照 1~5 分进行评分，1 代表非常反感，5 代表非常愉快。

3. 根据这些数据，确认你们是否认为彼此都承担了公平的份额。如果你们一起做这个练习，请分别查看数据，然后对比答案。

4. 如果你们认为其中一方承担的任务量不公平，请再次查看清单，并找到一两项任务，由任务量较多的一方移交给另一方。几周后，再次进行这个实验，然后重新做出评估。如果这个清单不起作用，请尝试对任务分配做一些小调整，然后进行实验。改变旧模式可能需要一些时间和精力。例如，有一方可能需要学会烹饪、清洁浴室和给孩子们买衣服，但如果你们的任务分工合理，你们会感觉一切都变得更好，并且这些变化会使你们受益多年。

金　钱

我采访珍妮和威尔时，他们已经结婚 8 年了。珍妮告诉我：

在我们刚刚开始交往时，金钱是一个大问题。威尔很担心这个问题，并且因为我们当时在钱的问题上如履薄冰，他总是感到不愉快。我们当时制订了一个看起来非常不错的长期财政计划，所以我并不太担心，而且我认为我们没有必要在变得有钱之前过得太紧缩。最初，我们非常渴望取悦彼此，所以做出了很多妥协。我同意不买一些东西，而且觉得这也没什么大不了；威尔也会把钱花在我想花的地方，这样的方式似乎也不会让我们的财政出现任何问题。

但后来我们遇到了一个难题。我想飞回洛杉矶参加高中聚会，威尔不明白这件事对我来说为什么那么重要，他坚称我们负担不起，并尽力说服我不要去。我想过不去，但很快就确定这件事对我来说不容协商。我曾经当过班级负责人，在班上有很多朋友，我不想错过这次聚会。我记得那天晚上我想通了，我理解威尔对此感到焦虑，但我告诉他，我不想放弃聚会。我认为我不应该为了存这笔微不足道的钱错过自己的高中聚会。他接受了我的意见，虽然他仍然不喜欢这个主意，但他明白我已经尽力了，除了接受我的意见他别无选择。他的角色从此彻底转变了。现在，他的任务不再是尽可能地说服我接受他的观点，而是让自己接受我的选择。这是一个完全不同的任务，却让我们都不再那么焦虑了。因为这件事，我踏出了重要的一步。我曾经认为所有事情都需要协商，但现在我看到，在一些不容协商的事情上，我的决断力其实会减轻他的焦虑。

珍妮和威尔的故事让我想起了我在一开始和迈耶发生的一些有关金钱的冲突。迈耶以前会说：“我们买不起。”我会向他指出，这只是他的观点，而不是客观事实。我问他是否愿意说“我认为，我们不应该花钱买这种东西”。这句话很快就成了我们之间的一个玩笑，因为他会经常这么说，而且确实奏效了。这句话把问题放到了属于它的位置——摊开在我们之间——而不是完全在他那边，任凭他单方面做出决定。

幸福伴侣有时必须就金钱问题进行协商，但因为他们相信彼此会保留自己的界限，所以他们的协商更容易。如果我知道我总能说服你按照我的方式做事，那么我就不会信任协商的过程。我会担心我既要照顾你的需求，也要照顾自己的需求。保留自己界限的能力对伴侣和你自己都有利。这是幸福伴侣都知道的一条基本原则。

秘 密

一般来说，幸福伴侣不会互相隐瞒一些重大秘密。他们如此亲密并且重视彼此之间的爱情，其中一大原因正是他们能够完完全全地向对方敞开心扉。他们彼此分享过自己最黑暗的一面，甚至是连他们自己都无法接受的过去，他们和爱人分享，并且觉得能被对方接受。分享最深的秘密是构建亲密关系的重要部分，也是爱情如此宝贵的原因。

对许多人来说，分享最深的秘密并不容易。我跟一位叫凯尔的男士谈过话，他和一位名叫金杰的女士订婚了。这是他的第三次婚姻。他是一个体贴、聪明的人，非常关心亲密关系的质量。他愿意做任何事让这段关系顺利进行下去。他详细地告诉了我他和未婚妻身上那些可以促进婚姻幸福的共同品质：他们都喜欢花园、跳舞和阅读，他们很早就惊喜地发现他们已经读过很多相同的书，他们在一起很舒服，她喜欢他讲的那些老套的笑话等。

接下来他告诉我："金杰不知道，如果算上分别和我交往过 3 年的 2 个女人，这其实更像是我的第五次婚姻。我觉得她不需要知道这一切。我认为这可能会吓到她，我希望能够从头开始我们的生活。我已经吸取了教训，我觉得她不应该听到所有不好的细节。"

凯尔试图向自己爱的女人隐瞒过去最重要的大秘密，但这是为了保护谁呢？如果金杰真的会被事实的真相吓到，那么他欺骗她嫁给一个过去的真相会吓到她的男人，是在帮她吗？或者，凯尔其实是在保护自己，让自己不必揭露会让他感到屈辱和羞愧的过去？

凯尔的秘密对他们都没有好处。如果他只能通过隐瞒和否认真相来爱金杰，那么他对金杰的爱就像冰冷的湖面上的一块薄冰，朝着错误的方向迈出最小的一步都能让他沉入冰冷的水底。更糟糕的是，他知道，金杰对他的爱只是基于她能看到的部分。他会一直担心如果她知道真相，是否就会抛弃他。

我建议凯尔想象一下和金杰一起度过一个放松的周末会是什么感觉，这样他就有足够的时间告诉她一切。他不仅可以向她诉说自己感到羞愧和尴尬的那部分故事，还可以陈述他现在学到的教训，以及他知道自己再也不会犯的错误。如果她能接受真实的他，他们的爱将建立在信任和体谅的基础上，并且会是深刻的爱而不是肤浅的爱。和无条件爱你的人分享痛苦和羞耻所带来的幸福感，远远大于戴着面具和对方一起跳舞或打理花园。

另一方面，如果她不能接受真正的凯尔，如果她会被他的过去吓到，那么她真的是他想要共度余生的那个女人吗？这种婚姻会让凯尔习惯性地活在恐惧中，并对过去怀有悔恨，而他将永远没有机会治愈痛苦。其他人可能会比他的妻子更了解他。在自己的妻子面前，他必须一直戴着面具。

凯尔不喜欢我的主意，并且不想冒任何风险和金杰共度一个这样的周末。相反，他教导我隐私在关系中的重要性："两个人结婚时并不能完全结合，他们必须有共享的区域和自己保留的区域。如果他们认为自己没有私人领地，觉得自己的空间可能随时被侵犯，他们就会互相怨恨。有些人比其他人更注重隐私。"

凯尔的陈述确实有一定的道理，但幸福伴侣对隐私的看法不同。他们不为人知的一面，即多年以来一直在磨炼和发展的内在自我，正是他们想要和彼此分享的。

世界上最珍贵的爱是在你都不能爱自己时，这个人还会爱你。幸福伴侣彼此分享了他们最痛苦的秘密，并且在这些秘密可能会揭露他们丑陋一面时，仍然相互扶持。

然而，在某些领域，最亲密的伴侣确实也会保留隐私。我找到机会和找我咨询的几对幸福伴侣分别单独谈话，这样我就能询问他们是否有伴侣不知道的秘密。卢和科里是其中一对伴侣，科里很快就笑着回答道：

如果我收到停车罚单，能自己解决的话，我就不会让卢知道。他认为收到罚单没有任何借口，但我只是比他粗心一点儿而已。我心想，何必让他烦心呢？又何必让我自己难堪呢？……我们都有自己的支票账户，但钱是一起花的。我不可能和他核实我花的每一分钱。这算不上秘密，但属于私人领地。有时如果我想买东西，特别是衣服，我会用现金支付部分费用，这样当他看到账单时，就会觉得更合理。

我不会因为他认为我应该在折扣店购物而放弃在百货大楼买套装。我不会按照他的风格行事，但也不会给他带来痛苦。这不是一个秘密，而是设立界限也不让他感到焦虑的方式。我把它看作是送给他的一份小礼物。

除了这样的事情，我们没有什么需要隐瞒对方的秘密——我们也不想有这种秘密。我们深爱着彼此，互相沟通。我们的生活已经交织在一起，任何人都不可能对我们拥有的一切构成任何威胁。在我看来，互不信任的伴侣才会保守秘密——而这些秘密会进一步破坏信任……如果你有秘密，你就有理由不信任对方……我信任卢，但这并不意味着我相信他没有向我隐瞒任何秘密，而是意味着我相信他的生活中没有任何需要向我隐瞒的私人领地之外的秘密。

我采访过的许多伴侣都认可科里的观点。他们的生活中的确存在着私人领地，许多人有不同的爱好和朋友。他们要求在家里有自己的时间，用于阅读或休闲。有些人在家里也有自己的空间。但他们重视和彼此分享生活中的难事。正如一位男士所说："当我们看着彼此的眼睛，我们之间就不可能藏有任何秘密。任何秘密都会是对这种经历的嘲弄。对我而言，结婚的意义就在于不用对彼此有任何掩饰。"

实验 12　与你的伴侣分享一个小秘密

写下——或者如果你不想写的话——想一想你对伴侣隐藏的任何秘密，你对他隐瞒的任何感受或信息。然后写出你隐瞒这些秘密的理由。这可能会是一个富有启发性的练习。

如果你想体验不隐瞒秘密所带来的亲密感，唯一的方法就是试着慢慢分享你觉得存在一定风险而不敢分享的事情。先从一个小秘密开始，也许是令你感到羞愧的事，也许是你担心伴侣不会喜欢的事。从一个无伤大雅的小秘密开始，找一个两个人都觉得轻松，而且没有任何日程安排的时间。先告诉伴侣你对这件事的感受："我为这件事感到非常惭愧。"或者："我担心这会让你生气，但我相信如果我不向你倾诉的话，它会影响我们的亲密感。我想要对你完全坦诚。"

如果你太害怕尝试这个实验，可以请婚姻咨询师协助你，因为如果你永远不分享自己所谓的秘密，你就会限制自己和伴侣建立真正亲密感的潜能，从而限制自己得到幸福的潜能。

情感责任

幸福伴侣知道情感支持和情感归属的区别。当你遇到问题，如果我能站在旁观者的角度看待，那么我就能更有效地给予你支持。但如果我对你遇到的问题投入过多情感，那么这就会变成我们两个人面对问题，没有人可以给予更多的支持。我想和你保持亲近，但我同时也需要和这个问题保持一定的情感距离。这并不总是那么容易，但我采访过的幸福伴侣已经知道如何做到这一点，虽然有时候这个过程会是痛苦的。

当我问起玛丽和韦斯的秘密时，他们告诉了我这样一个故事：韦斯在停车场把另一辆车撞凹了，但是他决定不在挡风玻璃上留下纸条说明情况。因为如果他这样做了，这将成为他和保险公司的第二次交涉，他担心保险公司会因此提高他的保费。他对这件事感到非常愧疚。他告诉我他很不想告诉玛丽，因为他太羞愧了，但他真的需要她的安慰。他想要确定，即使他自我感觉不好时，她也一样爱他。所以他最后还是告诉了玛丽。

玛丽很生气，但在谈话时，她意识到自己不必承担韦斯的道德过错，做出决定的并不是她。她摆脱了自己的内疚感，然后，她就能够成为韦斯的朋友，单纯地支持他的道德斗争。最后他们就道德困境进行了一场深入的讨论。

这场可能发生的争吵得以成功解决的关键是，玛丽意识到她对韦斯的决定不负有责任。她最初很生气，因为觉得自己受到牵连。但她认识到，她和韦斯是两个不同的人，她自己并没有受到牵连。

幸福伴侣已经学会在他们的关系中承担适当的责任——不太少，也不太多。他们都学会了在情感上从只属于对方的问题或任务中脱离出来。

珍妮特曾经得过几次抑郁症。起初,卡尔无法在情感上将自己和她分开。他担心自己做错事惹她不高兴，认为自己对她的抑郁“负有责任”，并认为珍妮特抑郁是自己的问题和错误导致的。更糟糕的是,他认为自己有责任“解决”她的抑郁症。他试图说服她接受治疗，提出各种解决方案，比如请朋友到家里做客或去看电影。但他自己开始感到抑郁，特别是当一切似乎都没能起到任何作用时。他试图提供帮助,但实际上他让问题变得更加复杂了。结果，珍妮特现在除了感到抑郁，还感到十分自责。之前，患抑郁症的只有一个人，而现在却变成了两个。

卡尔想为珍妮特做一些只有她自己能做的事情。珍妮特的抑郁症是她自己的问题和需要解决的任务。卡尔必须让自己从珍妮特的抑郁症中走出来，必须意识到自己对此不负有责任。事实上，他也没有办法解决它。在试图帮助珍妮特的过程中，卡尔实际上是在使问题继续存在下去，甚至变得更糟糕。

但是，从情感上和珍妮特的抑郁症保持距离并不意味着卡尔对此漠不关心。他仍然可以在一旁安慰和支持珍妮特，这仅仅意味着他将不再承担导致或治愈她抑郁症的责任。这件事不在他的掌控之中，这对他们两个人来说都是一种解脱。他们划分的清晰界限让他们能够再次得以亲密、深情、真诚地互相帮助。

事实上，当卡尔问珍妮特，在她感到抑郁时，什么能给她最大的支持。珍妮特表示，她希望他在这种时刻表现得深情和充满爱意，但不要试图替她做决定或按照自己的想法“帮助”她。她想确定，即使连自己都无法爱自己时,卡尔也会一如既往地爱她。但卡尔介入她的情绪问题并不能帮到她。

他的任务是让自己不要陷入抑郁中，这样他就能成为珍妮特强大而充满爱意的依靠。卡尔表示：

> 即使我已经知道自己该做什么，一切也不总是那么容易，因为珍妮特的情绪会影响我。我并不会因为她情绪低落责怪她，但我会想念她开朗的样子。我为她感到难过，但是我知道我不必按照自己的想法做任何事情去帮助她，这让我松了一口气。我只需要向她表达我的爱意和支持，就是这么简单。

每个人面临的情感挑战和情感责任都是独一无二的。即使你和伴侣遇到了同一个难题，例如经济上的挫折或育儿问题，你们两个人的情感体验也是不一样的。没有人能够体会你的失望、内疚或悲伤，也没有人能够让你的这些情感消失。如果某个决定取决于你，那么没有人能代替你做出决定。幸福伴侣明白这一点，他们知道支持意味着倾听、真正需要的帮助、拥抱、支持和关爱，而不是替对方做情感工作。

卡伦和厄尔曾经遇到过一个艰难的挑战。他们的故事说明，当他们清晰地划分彼此的情感任务，并且只为自己的那部分负责时，事情就会变得更容易。

结婚后，卡伦和厄尔就计划要一个孩子。他们等了 12 年，等到他们都 38 岁了，才发现卡伦不能怀孕。在整个寻求医疗干预的过程中，他们互相支持，互相鼓励，但当他们最终同意不再备孕时，卡伦的痛苦几乎到达了巅峰。她想领养一个孩子，但厄尔却开始犹豫。知道他们不可能生孩子时，他其实感到了些许的解脱。现在他们已经 40 多岁了，没有了厄尔的热忱支持，卡伦就没有了继续前进的动力。事实上，她自己也摇摆不定。如果她下定决心领养孩子的话,厄尔其实也不会反对。但如果真的要领养一个孩子，卡伦就必须成为主要的推力。最终，他们逐渐放弃了这个想法。卡伦同意这是最好的决定，但她伤心欲绝，沉溺在悲痛中。

如果卡伦和厄尔无法区分他们各自的情感任务，那么这个阶段会变得十分复杂。虽然卡伦有时会对厄尔感到不满，但她并没有因为自己的痛苦责备他。她知道自己如果有足够的动力，她是可以领养一个孩子的。而厄尔并没有因为卡伦的痛苦而感到不快，也没有为此承担责任或是试图做任何事情让它往好的方向转变。他只是抱着她，让她伤心着。因为卡伦能够感受到自己的悲伤，并且能够完全地体验它，随着时间流逝，她就能走出来。虽然她之前从来没有想象过自己能够坦然地接受没有孩子的决定，但最终她还是调整了自己的心态。

卡伦和厄尔的故事说明了独自完成情感任务的重要性。他们经历了一场艰难的斗争,但结果十分干净利落。他们都忠于自己一开始最想要的结果，也愿意变通，并且没有试图替对方做情感工作。

伴侣的愤怒行为通常是最难区分情感任务的一块领域。朱莉和迈克尔曾参加过我现在仍在开设的伴侣团体班，他们的经历向我们展示，如果不维持界限，这种情绪会变得多么棘手。

朱莉："迈克尔脾气不好，其中让他恼火的一件事是我缺乏条理性。比如，当他在我的办公室里找不到东西，或者当厨房台面堆满垃圾信件时，他就会发脾气。问题是我自己其实也不喜欢杂乱无章，多年来我一直试着改变这种情况。所以，当他对我发脾气时，我会责怪自己，觉得自己糟糕透顶。我觉得自己像个坏人，总是承诺自己会改。然后，当我没有改变时，我就会感到内疚。我觉得因为自己缺乏条理性，我们的关系被破坏了。

“正是伴侣团体班改变了这一切。其他人指出了我们看不到的地方，即迈克尔发脾气不是我的责任，而且我没有必要为了取悦他或者让他不发脾气变得有条理——反正这也是徒劳的。如果迈克尔想发脾气，那是他的问题，而不是我的问题。我没有条理性，我自己也不喜欢，但这是一个既定事实。如果迈克尔不喜欢，他就必须弄清楚如何处理自己的感受。我无法因为他变成另一个人。你无法想象，意识到这一点让我感到多么解脱！这对我们两个人都有好处。我没办法让迈克尔不生气，但这就是我过去一直在试着做到的事。”

我：“你要和迈克尔的愤怒保持情感距离。”

朱莉：“没错。当迈克尔发脾气时，我会继续做我自己手头上的事情。我会表示理解，比如说：‘很抱歉你感到生气。但我知道这不是我的错。’”

迈克尔：“实话实说，这对我来说很难。我可以理解其中的逻辑，但在情感上，我仍然会觉得朱莉才是把事情搞砸的那个人。我没办法让自己不生气。但我们的斗争停下了，现在这已经不是一场斗争了，只是我生气了而已。所以这件事变成了我的问题。我看到摆在自己面前有两种选择——生气或者不生气。所以我能越来越快地平息愤怒的情绪。当我们开始拿愤怒开玩笑时，这件事有了真正的转变——当然，不是在我发脾气时开玩笑，而是在其他时候。我现在用不一样的方式来处理这件事，并把它看作是自己的问题。”

过去，迈克尔没能接受朱莉真正的样子。她其实是一个富有创造力的天才，只是缺乏条理性。在迈克尔谴责她之前，她对自己感觉良好。在很长的一段时间里，她必须努力让自己不被他的谴责中伤，维护自己的自尊心。

许多伴侣都向我诉说了关于学会区分情感任务的故事。琼和贝尔是一对伴侣，他们告诉我，琼最开始认为自己对贝尔的职业生涯负有责任。贝尔不确定自己想做什么，一直在做不同的尝试。琼觉得为了表示支持，她必须提出建议，并且确保贝尔听取自己的建议。当贝尔没有听取时，他们都觉得自己很失败。贝尔觉得自己让琼失望了，而琼担心贝尔永远都找不到有意义的工作。

琼笑了笑并摆了摆手，仿佛这些日子已经过去很久了："现在我只是告诉他，如果需要我的帮助，请让我知道。"

正如我们从家庭治疗中学到的那样，每个家庭都是一个有自己结构的独立系统。系统中的每个人都在维持系统正常运转或导致系统不运转方面发挥了作用。**最基本的原则是，如果你发觉自己因为某件事指责家庭中的某个人，你必须努力弄清楚你自己在这个问题上所扮演的角色。**

例如，是韦斯在停车场里把别人的车撞凹了，但玛丽很生气。当然，整场争吵似乎都是韦斯的错，玛丽不是那个把别人的车撞坏而且没有留下纸条说明情况的人。但是当玛丽努力弄清楚自己在这场争吵中扮演的角色时，她看到自己生气是因为自己承担了韦斯的道德过错。如果她是韦斯，她会采用不同的处理方式。但她并不是他，她必须让韦斯做自己，而自己只需要做玛丽。

同样地，卡尔和珍妮特的问题似乎是珍妮特的抑郁症。但两个人之间的问题从来都不只属于一个人。卡尔扮演了什么样的角色？他的问题是他按照自己的想法试图“治愈”珍妮特。当他停止这样做时，他们的问题就解决了。或者用朱莉和迈克尔举例：当迈克尔无法在朱莉的办公室里找到物品时，他有权生气，对吧？这个问题是朱莉的错，因为她把物品放错了位置，但迈克尔希望朱莉能够成为另一个人，他的角度使得这个问题继续存在下去。

你必须理解，和伴侣的问题保持情感距离并不意味着和伴侣保持情感距离，这很重要。如果你能成功地让自己远离问题，你就能更有效地和伴侣互动。伴侣需要你的情感支持——但不需要你的建议，也不需要你来解决问题。

界限问题在关系发展过程中不断出现。伴侣在确定各自领土方面实践得越多，后续的协商就会变得越容易，但仍旧需要保持警惕。只有当你能够维护自己的界限时，你才能以恰当有效的方式为伴侣提供支持。当你擅长支持伴侣时，支持就会成为一种乐趣，提供机会让给予者和接受者享受彼此的爱意。

当围墙变成堡垒

到目前为止，我们已经讨论了伴侣在没有足够界限或界限不明确时会出现的问题，但一些伴侣犯了另一种错误：他们之间的“围墙”建得太高、太严、太多。我们大多数人都认识一些过于以自我为中心的人，他们在自己周围筑起堡垒，把其他人拒之门外。他们宁愿舍弃亲密关系，也不愿成为任何人的依靠。

他们为何会如此专注于自给自足？很多对我们的文化产生重大影响的“运动”都强调自主、独立和自给自足：比如人类潜能运动（“我来到这个世界不是为了满足你的需求。”）；女权运动。所有这些运动都试图改变被期望扮演某种预设角色的一代，但他们很少问自己：“在我扮演的角色之外，我究竟是谁？我自己最真实的需求是什么？”事实上，他们只是在反抗过度依赖和从众。

在“我时代”的影响下，他们都变得更加自给自足，减少对彼此的依赖，尽管他们的表现完全不同。其中一些女性认识到，她们对男性的经济和情感依赖限制了她们的潜力，并削弱了她们的自尊心。她们宣布独立于男性，并发起现代女权主义运动。一些女性曾一度陷入两难境地：虽然她们总体上不再依赖男性群体，但她们仍然渴望依赖某个男性个体。她们无法确定自己到底是想要和某位男性建立亲密关系，还是想要证明自己可以过没有男性的生活。

其中一些男性也对依赖产生了相似的厌恶感。在旧体系中，他们掌管整个世界，但回到家时，他们却必须依赖女性。他们不会洗碗、更换尿布、用吸尘器或表达感受。当女性宣布她们不愿继续独自承担这些责任时，男性并没有立即接手或分担这些责任；相反，他们开始过上没有这些责任的生活。甚至有些男性也宣布自己独立于女性，他们“逃避承诺”，躲在单身公寓里，不再承担任何情感或家庭责任，完全独立和自给自足。

对我们中的许多人来说，钟摆尚未摆回中心位置，许多人仍然专注于自己的独立和自给自足。他们的“围墙”没有带来好邻居，而是创造了孤独和自给自足，一种不愿和他人相互依赖的状态。虽然崇尚自我的思潮治愈了许多人，但也让我们对“依赖”更加谨慎。我们小心翼翼地避免成为相互依赖的人，甚至完全逃避任何形式的依赖。

也许我们对独立的执着带来的最糟糕的后果是让我们有了漠不关心的正当理由。于是伴侣不愿互相帮助，惧怕承诺，不愿冒险把另一个人的幸福纳入他们自给自足的世界里。因为过于独立，他们忘记了给予的快乐，失去了慷慨的精神。

过度依赖和过度自给自足之间的平衡点是相互依存的。相互依存的人同时也能十分独立，因此他们不觉得依赖他人或让他人依赖会对自身造成威胁。他们意识到，健康的依赖和不健康的依赖之间有着重要区别。

幸福伴侣知道，健康的依赖是每一段幸福关系的重要组成部分。一个不能依赖别人的人就像一个过于依赖别人的人一样有缺陷。当下，比起“自助者天助”，我们更需要听到“天助愿意被助者”。

在幸福的关系中，伴侣双方相互依赖，并且都对自己足够自信，不会受到这种依赖的威胁。

我依赖迈耶：他一直陪伴着我；当我需要他的时候，他就在我的身边；让我参与他的事业和社交生活；尽他的一份家事和家务；积极且始终如一地教养儿女；履行他在财务协议中应尽的份额等。在遇到他之前，我可以不做这些事或者只需要满足自己的需求。现在，我喜欢让他来满足我的许多需求。我变得十分依赖他——在他面前也会变得脆弱。如果他离开我或不再做这些我在乎的事情，我会受伤。如果伴侣不愿变得依赖，并且不愿因为依赖变得脆弱，那么他们就可能无法维持长期的亲密关系。

然而，我并非每天都能意识到自己在迈耶面前的脆弱，因为我们之间的相互承诺和信任已经显而易见了。但我意识到自己有多么依赖他，这是我每天和他在一起的乐趣之一。这是一种完全健康的依赖。

那么不健康的依赖是什么样的呢？

如果你依赖别人为你做任何你自己应该做的事，那么你的依赖就是不健康的。如果你依赖别人来让自己感觉良好，你就会陷入困境，因为除了你自己，没有人能给你自尊。如果你妥协，降低自己的标准，默许伴侣的需求，从而损害到自己的人格，那么你就是过度依赖和懒惰。如果你觉得自己无法自给自足，害怕自己无法独立生存，那么这种恐惧将对你们的关系带来毁灭性的压力。只有坚强而独立的人才能建立起相互依存的关系。你越安全，就越能冒险。许多人担心自给自足和亲密关系是对立的，但恰恰相反，它们相互补充，相互完善。自给自足和亲密关系——或独立和依赖——相辅相成，构成一个整体。

幸福伴侣并不害怕失去独立，也不害怕完全敞开自己。他们可以同时做到这两件事，因为它们是相互依存的。

幸福伴侣在他们的关系之间筑起的是“围墙”而不是堡垒。他们在独立和依赖之间取得平衡，小心地分配好“我的”和“我们的”的时间、空间、工作、金钱、秘密和情感责任。正因为他们经过深思熟虑后做到了这一点，他们才能够安心地依赖彼此，完全地投入亲密关系中，不必担心失去自我。

实验 13　如何平衡伴侣双方的需求

1. 假设你在某件事上犯了错，至少犯了个小错，那么这时你的界限是什么？你是否倾向于妥协，默许伴侣的需求，或者固执地过度袒护自己的需求？

2. 下次当你遇到这个基本问题时，问自己："我应该牺牲伴侣的需求来满足自己的需求，还是牺牲自己的需求来满足伴侣的需求？"不论你在步骤 1 中发现自己有哪种倾向，这次都要有意识地采取相反的行为。这可能会十分困难，但请试一试，看看对自己和伴侣会有什么不一样。

实验 14　设立界限，避免冲突

拨出 1 小时的时间，和伴侣进行沟通。（你们可能需要花费更长的时间，但 1 小时就能让你们开始进入状态。）审视你们关系中的时间、空间、家务、金钱、秘密和情感责任问题。看看你们是否能够说出任何一方建立的任何明显的界限。如果你们发现你们一直在某个方面有冲突，想想你们是否能够建立起双方都能接受的界限或原则，从而解决冲突。

实验 15　伴侣之间的依赖与界限

画出两个相交的圆圈作为你们的情感界限地图。重叠的部分代表着你们相互依存的区域，而不重叠部分代表着你们独立的区域。在相应的区域列出生活中的各个方面，适当分配各个方面的面积。以下是一个示例图。

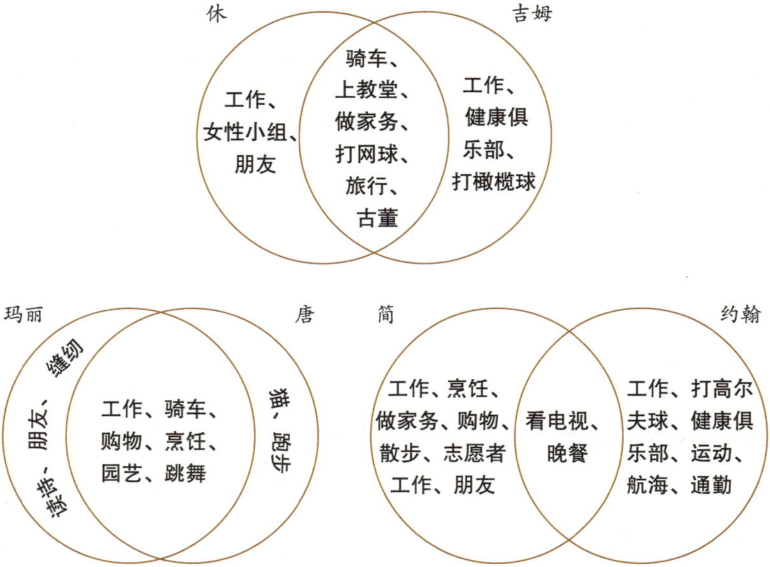

我们经常听说不幸福的伴侣在关系中存在“权力斗争”。这个被广泛使用的短语暗示着在他们的关系中，权力或控制力是有限的，他们必须通过“斗争”决定谁拥有多少权力。

能够建立和尊重个人界限的伴侣不需要权力斗争。在对 32 对伴侣详尽的采访中，我从未听到“权力斗争”这几个字。虽然这些伴侣没有明说，但他们常见的感受是：“我掌控着自己的生活。我拥有无限的个人权力，足够让我在这个世界快乐而高效地生活。我的伴侣没有限制甚至会增加我的个人权力，我们这一生都会在一起。我们不是两个独立的个体，而是一个整体。我们就像同一个部件的两个可动装置，每个可动装置越坚固，整个部件也就越坚固。我们共同努力，不是为了限制彼此，而是为了赋予对方力量，从而让整个部件更强大。”

明确的个人界限是个人力量的基础，也是让伴侣获得无限力量的必要基础。

目前，我们已经研究了幸福伴侣八个基本特质中的四个。在继续讨论最后四个关键特质之前，让我们先停下来反思一下你在关系中已经取得的进展。

在笔记本上写下这些问题的答案，与伴侣或朋友进行讨论。

阅读这本书以来：

- 列出前四个特质中你最喜欢的特质。
- 你在婚姻中的感受或对婚姻的态度是否有任何变化？如果有，这种变化是如何发生的？
- 你的婚姻本身有什么变化吗？如果有，变化是如何发生的？
- 想象一下，如果你还没了解到这本书的前四个特质，你和伴侣之间发生的哪几件事情会有不同？
- 你打算在婚姻中应用哪些（大的或小的）做法？
- 你通过哪种形式具体实施了哪些（大的或小的）想法？结果是什么？

- 在第一章开头，你选择了一个数字来表示自己理想中的婚姻幸福指数，你现在还会选择相同的数字吗？为什么会或为什么不会？
- 你是否发现了一些看起来很吸引人，但是你认为不适用于自己婚姻的概念？请详述。
- 你是否对某些内容心存怀疑或异议？
- 你对幸福婚姻还有哪些疑问？如果我现在站在你面前，你会问我什么？
- 接下来你会在婚姻中采取哪些措施？

第二部分

尊重伴侣差异，巧妙解决分歧

第六章

正确地看待事物

每段关系都有自己的节奏。幸福伴侣已经确定并接受了属于他们的节奏。当遇到逆境或压力时，或当关系比平常更疏远时，他们不会惊慌失措。相反，他们相信自己会渡过艰难时期，重拾愉快的时光。

多年的关系中总会有些起起伏伏的时刻，低谷时期可能令人不快，但在一段有善意和承诺的关系中，低谷时期并不会成为伴侣担心的理由。事实上，就像乐曲中上升的旋律小节会让平和的旋律小节变得更加悦耳，关系中的艰难时期也会让美好时期更加美妙。

我认识丽贝卡和琼斯时，他们正打算庆祝结婚 30 周年纪念日。他们的两个儿子正为他们策划派对。他们只知道派对日期，其他一切对他们来说都是未知的惊喜。他们两个人在一起非常放松和快乐，开着关于派对的玩笑，傻笑着，就像两个少年一样。但在采访过程中，我了解到他们的关系并非总是如此融洽。

结婚5年后，他们决定创业，生产和销售一种独特的珠宝产品。这份工作让他们都能发挥所长并一起合作，他们对此非常满意。丽贝卡在原来的公司继续工作了一段时间，不过等一切都走上正轨后，她非常乐意地结束了那份工作。但他们的生意遭遇了一系列莫名其妙不可预知的挫折，运气不佳和经验不足导致他们的业绩迅速下滑。他们都非常失望并且对自己的财务状况感到焦虑，无法就下一步该怎么做达成一致。

丽贝卡:“那真是一段糟糕的时期。刚结婚时，我们感到快乐而心安。我们觉得有一位守护天使让我们聚到一起,让一切都变得奇妙无比。我们找到了一所好得不可思议的房子，经过一个月的努力，我怀孕了。我们的街对面就有一位女士，她可以周到地照顾我们的孩子。当一切开始迅速地粉碎时，我们并没有做好准备。那时候，我们之间最大的问题不是生意失败，而是彼此之间的紧张局面和距离。真是太令人心碎了。不知道为什么，我们互相指责，无法找回生活的快乐。”

琼斯 :“我们当时没有谈过这件事，但后来我们都承认，当时我们都担心对方会离去。”

丽贝卡:“由于经验的不足，我们并不知道问题不在于我们和我们之间的关系，而在于我们承受的压力。这个问题发生得太突然了，一时之间来势过猛……不过谢天谢地，就在这紧急的关头，琼斯得到了一份好工作——那时候，绝望的我们正准备把房子卖掉。”

琼斯:“真的太神奇了。就在我得到这份工作那天，一切好像都发生了变化，就像乌云消散了一样。这已经成为我们之间非常难忘的一段记忆：一天晚上，我们一直熬夜到凌晨4点半（第二天我还必须去工作），把一切都聊开了。我们意识到了当我们身陷困境之时看不到的一切事情。然后我们只是紧紧地抱在一起。想到可能失去现有的一切，我们都非常害怕。但我们知道，我们永远也不会再让这种事发生在我们身上了。因为我们知道那是一种怎样的感觉。”

丽贝卡：“从那以后，我们又经历了很多艰难的时期。但现在的我们总是说‘我觉得我们今天最好熬到凌晨4点半！’这句话总能支撑我们熬过这些艰难时期。我的意思是，我们现在能够正确地看待问题。”

琼斯和丽贝卡把凌晨4点半的谈话看作一种小玩笑。虽然这对当时的他们而言并不是一个小玩笑，他们经历的苦难和取得的突破十分重大。但现在他们已经能够一笑而过，挥别过去。他们的自嘲说明他们有能力正确看待问题。在和我交谈过的大多数幸福伴侣身上，我都能注意到类似的幽默感。

在向我咨询过的伴侣中，我发现了很多对幽默感的误解。人们都会把“有幽默感”列为伴侣身上令他们欣赏的一大品质。然而，当这些伴侣发生冲突时，他们却一点儿幽默感都没有。因为有幽默感并不意味着成为小丑或喜剧演员，或者因为别人的笑话哈哈大笑，没什么幽默感的人也能做到这些。

有幽默感意味着能够在不那么有趣的情境中仍然能看到幽默之处，意味着你有灵活变通的个性。最重要的是，意味着你能够自嘲自己的缺点和不完美之处，把自己的处境置于宇宙的大格局中，而不是让它成为宇宙的中心。例如，怀有高期望和远大的志向固然重要，但能够自嘲这些美好目标与真实自我的差距也同样重要。**有幽默感意味着不过分看重事物，能正确看待问题。**

幸福伴侣能够正确看待自己、彼此和彼此之间的关系。他们希望自己的世界是完美的，但当它不可避免地出现缺陷时，他们仍然能够大笑——或者至少能够微笑应对，并继续前进。

我采访过的所有伴侣都谈到了他们关系中的起伏，但在谈论时他们总是一点儿也不焦虑或苦恼，甚至十分镇定。他们谈论最痛苦的情形时的平静态度引起了我的注意，他们身上的平静和安全感是毋庸置疑的。

我们经历过关系中的美好时期和艰难时期后，就能学会正确地看待这些时期，然后在回顾它们时看到大局，以大局为重。这也意味着我们能够在艰难时期记起遥远的美好时期，并且聪明地意识到美好时期会再次归来。正如一位女士对我说的那样："当我们没有信心或感到沮丧时，我们会觉得一直以来都很沮丧，而且以后也会一直沮丧下去。但在我的脑海中，我知道这不是真的，正是这种想法安慰了我，让我能够继续前进。"

正确看待事物是经得起时间考验的伴侣才能享受的一份大奖，而短暂相处的伴侣却从来不敢想象他们可以拥有。即使是经得起时间考验的伴侣，只有当他们能够以关系中的大局为重时，他们才能够培养正确看待事物的能力。他们必须能像局外人一样，不带任何情感地审视自己的婚姻和经历的困境，即使他们只能暂时做到。如果一对伴侣能时不时地充当自己婚姻的观察者，那么他们的过去——他们共同经历的所有挑战和美好时光——会让他们学会正确地看待事物。他们知道，在成长期、不确定期和过渡期结束后，他们会享受平静期，这时候他们就能够安心而满足地品尝自己学到的东西。然后，另一个挑战会随之而来。但每一个新挑战都会变得愈发容易克服，因为他们已经有了一个储存美好时期的仓库，并且内心的自信让他们相信美好的感觉会再次回来。

焦虑和亲密感

在学会正确看待关系的过程中，幸福伴侣都必须学会的一课是：焦虑和亲密感是互不相容的。幸福伴侣希望他们能够帮助彼此渡过艰难时期。几对伴侣谈到，当他们第一次发现自己在艰难时期不能依靠对方的支持，而且和对方在情感上很疏远，或者甚至很难和对方沟通时，他们感到惊讶和害怕。

当伴侣中的一方或双方都感到焦虑或沮丧时，又或是完全专注于工作或家庭事务时，双方之间的亲密程度和交流的质量就会受到负面影响。如果我和某个人亲近，这意味着我关注这个人，我把注意力放在对方身上，并且能够感觉到他/她对我的影响。我能够充分地倾听他/她，和他/她互动。然而当我把大部分精力都用于应对生活中的某些焦虑情绪时，我就无法将这种注意力放在伴侣身上。这不仅仅是无法和对方进行高强度的热情互动，而且可能无法和对方共度一个平凡的夜晚，进行周日短途旅行或在家附近散步。如果伴侣一方或双方都处于焦虑或压力之中，悠闲自在的感觉、情感的自由流动以及享受彼此陪伴的能力都将不复存在。当你感到焦虑或心不在焉时，你也很难全身心地享受亲密关系。

如果伴侣双方没有意识到这种焦虑或压力是导致他们之间亲密感减弱的原因，他们可能会互相指责，并怀疑他们的整段关系，从而使本来已经紧张的局面进一步恶化。当你对伴侣感到疏远或冷淡时，你就很难回忆起亲密的感觉，你甚至无法想象你们会再次变得亲密。

能够正确看待事物的伴侣已经学会保持信心，虽然他们在感到压力时仍然很难和对方亲近，但现在他们知道，当引发焦虑的情况得到解决时，彼此之间会再次变得亲近。学习这一课的过程可能十分艰难，就像琼斯和丽贝卡经历的那样。我认识一位名叫埃伦的女士，她在她的两个孩子分别是 6 岁和 10 岁时去上的法学院。她慷慨善良的丈夫全力支持她，帮她分担家务。但她每天要花很长时间通勤，学习时间也很长，这一切都开始对他们的关系产生负面影响。从法学院毕业一年后，埃伦通过了律师资格考试，她告诉我：

> 我们的关系的确变得很糟糕，特别是在读法学院的最后一年。我们一直在争吵，房子里充满了紧张的气氛。我们既心烦又悲伤——但都不知道是为了什么。我们没有意识到，问题不在于我们，而在于读法学院。法学院的学习一结束，问题就消失了。我们又变回了过去的自己，这是一种巨大的解脱。

我采访过的许多幸福伴侣（虽然不是全部，我们随后会进行讨论）几乎都没有长期的、慢性的生活压力。因此我不禁开始问自己：他们是因为没有压力才感到幸福，还是因为感到幸福才没有压力？

我认为在大多数情况下，让伴侣保持幸福的品质也能让他们相对的没有长期的、慢性的压力。这些伴侣渴望快乐，渴望良好的感觉，渴望享受生活和亲密关系。他们相信这是可能的，并且努力实现这些目标。他们不会听由命运的安排，而是会主宰自己的生活。

大多数情况下，他们有自己喜欢的工作，并且觉得自己的才能得到了很好的发挥。他们中的许多人都有孩子，而且伴侣双方都有工作，因此他们的生活并不轻松。但他们不愿意承受长期压力，他们已经找到了应对压力的办法。每当他们发现自己处于不可避免的高压环境中，他们会知道问题不在于他们的关系，而在于压力本身。他们非常清楚这只是一段短暂的插曲，并且会在这种情况下有意地注意关系的发展，或者在这种时期结束前避免打扰对方。

我听到的几个例子说明，通常没有压力的伴侣在遇到压力时也能够有条不紊地进行压力管理。在此之前，我们听说了约翰和卡拉遇到的挑战。在学校开了三门新课后，约翰度过了艰难而紧张的 6 个月。他和卡拉因此不能像往常那样共度那么多时光。他们注意到这一点，并因此陷入争吵。

“我们知道，我们吵架是因为我们没有足够的时间相处，”卡拉说道，“但我们也知道这个学期会结束的，这种情况不会长久。事实上，这是向前迈出的一大步，因为约翰有机会教授他真正想教授的课程。所以我们就只是静静等待着这段时期的结束。”在我和他们交谈时，约翰那个学期的课程已经步入尾声。他们已经在自嘲因为微不足道的事情而吵架的行为了。

以下是另一对伴侣管理偶发性压力的一个例子。温德尔是一位兼职医生，而伊丽莎白是律师事务所的一名律师。经济危机导致律师事务所的业务急剧下滑，伊丽莎白被要求减少咨询时长，最终不得不离开律师事务所。这对他们来说是情感上和经济上的双重打击。伊丽莎白对这种转变毫无准备，对未来感到害怕和焦虑。温德尔其实非常享受他的兼职工作，他可以承担大部分的家务，花很多时间陪伴孩子，并且有时间追求他的另一个爱好——打网球。但现在，伊丽莎白从律师事务所离职意味着他必须全职行医，这对他来说是一个巨大的变化。

温德尔：“我的压力很大，但我并不觉得很糟糕。我只是把这看作是我必须做出的贡献。这对伊丽莎白来说更难，因为她必须决定下一步要做什么。我们正在努力将整件事情看作一个机会。”

伊丽莎白：“我从没想过我会永远为律师事务所工作。我很高兴有机会被迫考虑其他选择。但这件事也很可怕，因为一时之间想找到其他工作并不容易。”

我：“这对你们的关系有什么影响？”

伊丽莎白：“我们的关系是现在唯一进展顺利的事情！”

有一年，迈耶买了一栋房子并翻新，想转手把它卖出去，但是没有成功。那一年我和迈耶亲身体验到了压力对关系的影响。随着日子一天天过去，同时背负着的房贷和装修贷款让我们的焦虑不断升级。我们尽可能地相互支持，但焦虑是一种个人体验，没人能够替你分担，也没人能够让它消失。我们都开始自我封闭。我们两个人都能感觉到这种变化，但我们觉得,我们只是没有做好准备“陪伴”彼此。我们之间的性爱也变得索然无味，一切都如履薄冰。

当我们回顾那一年时，我们意识到，虽然并不喜欢，但我们还是花了几个周末到外面让两个人能够有独处的空间，这非常重要。这些时间给了我们动力，让我们放慢脚步，重新建立联系；让我们尽可能地忘记烦恼，以一种在家里很难做到的方式重新把注意力放到对方身上。

最终，我们决定放弃出售那栋房子并搬进去住。那时，我们重新找到了刚刚坠入爱河时的感觉。随之而来的还有解脱的感觉、新房子带来的乐趣，最重要的是——我们之间再次亲密后的轻松，几乎在一夜之间扭转了整个局面，这个经历让我们学会正确看待事物，用长远的眼光看待我们的婚姻。

在这段经历中，我们还注意到，我们往往会平衡彼此的情绪，这一点其他伴侣也深有同感。我们就像一个有机体一样运作，并在不知不觉中相辅相成。例如，当迈耶情绪特别低落时，我就会表现出爽朗快乐的一面，带着他一起前行。当我筋疲力尽并想要放弃时，迈耶就会表现出活力，鼓舞我继续前进。我发现其他幸福伴侣也遵循着这种自然节奏，他们已经学会感受彼此情绪的起伏，在对方最需要的时候关心他/她。正如一位男士所说："她是我阴天里的太阳，而我是她在暴风雨中的避风港。"

长期压力

我采访过的所有幸福伴侣都表示，在生活中渡过压力期的过程让他们能够正确地看待关系的起伏。

但如果伴侣双方不是偶尔，而是长期处于压力之下呢？

当下，各种前所未有的焦虑蜂拥而上，困扰着伴侣们。有孩子的双职工伴侣有时几乎见不到对方，更不用说和对方亲近了。

在这种情况下，伴侣双方很容易失去激情，渐渐习惯索然无味的关系，因为承受压力已经成为他们的生活方式。他们没有意识到这对他们的关系造成了多大的伤害。他们不会归因于经济困境、育儿需求、令人疲惫不堪的日程安排、难以忍受的老板或自己的健康问题，而是互相指责，或者认为生活就是这样，从而降低对婚姻的期望。不知不觉中，他们让彼此保持舒适的距离便成为生活中的一部分，任凭压力压垮他们。

在这种情况下，有些伴侣可能会维持亲密的表象。他们可能愉快地相处，但在内心深处，他们担心自己没有足够的激情。还有一些伴侣可能会公开地陷入紧张局面，不断地争吵和争论。但在这两种情况下，他们都没有意识到，持续的长期压力才是罪魁祸首，两个人几乎不可能在承受压力的同时保持亲近。

我采访过的一些幸福伴侣也生活在压力之下，这种压力是长期的，无法通过简单的方式解决。我了解到的大部分长期压力都和生小孩或经济上的担忧有关，或者两者兼而有之。但对这些伴侣来说，最重要的是能够正确地看待事物（即从整体视角看待每天的琐事和拥有自嘲的能力）。

艾德丽安和她的丈夫克伦刚生了小孩，他们双方都有工作，并且一个是医生，一个是律师。这对伴侣都喜欢运动，他们怀念以前到森林里徒步旅行和周末的登山之旅。但是他们认为这种牺牲只是暂时的，他们计划在女儿大一点儿后尽快恢复他们的外出计划。克伦告诉我：

> 照顾孩子确实需要相当多的精力。据我所知，你只有两种选择：要么花钱请人帮你分担一些照顾孩子的工作，要么牺牲生活中的某些方面自己照顾孩子。孩子其实没几年就长大了，我觉得应该趁他们还年幼时多陪陪他们，没有什么比这更重要了。但你必须牺牲其他方面，这是必须做出的选择。如果你不想牺牲其他方面，那就不要生小孩。

杰夫和盖尔一起开展了咨询业务，同时成立了家庭。当我采访他们时，他们已经入行 3 年了，养育着一个 4 岁的孩子和一个婴儿。正如杰夫所说那样：“我们的生活是高强度的。”他们一直都处于极大的压力之下，但大家都能注意到他们积极向上的生活态度和对彼此的热爱。他们向我详细地描述了自己有多么不喜欢这种压力，但他们仍然觉得十分幸运和快乐。让一切顺利的原因是他们仍然把他们之间的关系当作生活中的头等大事。

特雷莎和文森也许是我观察到的压力最大的一对伴侣。他们一直在期待着一段爱情，相遇后，他们就疯狂地坠入了爱河。她当时已经 42 岁了，所以他们想马上组建家庭。结婚时，特蕾莎已经有了 4 个月的身孕，他们都欣喜若狂。但在一起 1 年后，经济危机爆发了，文森的小型进口零售生意大不如前。特雷莎在一家计算机服务公司担任客户经理，她很讨厌这份工作。宝宝出生后，她休了 4 个月的产假，但后来她还是得回去工作，因为他们比想象中更需要她的这份收入。漫长的通勤和工作时间意味着她一直都很疲惫，并且因为很少和女儿在一起度过美好时光而感到内疚。他们试图寻求解决方案。文森没办法放弃他的生意，而特雷莎的公司也没有请别人帮她分担工作，更不允许她兼职，她找的其他工作也无法提供更好的薪酬。

最后，他们制订了一个双重计划：首先，他们决定尽可能高质量地共度时光，确保无论如何都会就两个人之间发生的事情进行交流。其次，他们制订了一个长期计划并尽快付诸实施。文森开始慢慢结束他的生意，并筹划寻找一份教学工作。这意味着他们可能要搬到另一个城市，但他们已经做好了准备。他们希望搬到一个生活成本比现在居住的大城市更低的小镇。

在某种程度上，和我交谈过的每一对幸福伴侣都运用了和他们相似的方式来管理周期性或长期的压力：

第一，他们意识到，焦虑和自由流动的亲密关系基本上是互相矛盾的。在压力大的时候，两个人必须共同努力培养和维持亲密关系，即使只能达到最低水平的亲密感。

第二，他们确定了压力的来源，并开始实施详细的计划来减少压力。

当我分别审视这两种策略时，我很好奇那些不幸福的伴侣是否也使用过这些策略。但不出所料，我发现在我抽取的较小样本中，不幸福的伴侣显然不会使用这些策略。这些伴侣非但没有共同努力管理压力，而且还会制造压力。他们不会努力保证共度高质量的时光，而是会把压力作为保持距离的一种方式。而且他们不会制订计划来改变生活中的某些方面从而消除压力，而是直接屈服于压力。

处于压力期的关系就像一块休耕地（一个季节或更长时间没有耕种的土地），它闲置在那里，静静地滋养着自己，等待着下一次播种。它的土壤仍然非常肥沃，但没有人在上面播种任何新庄稼。

无论是否处于压力之下，关系都会经历这样的休耕期，这只是生活的自然节奏。但幸福伴侣不会被这种低能量时期束缚，他们相信休耕期后就会有丰收，而且也许因为这样的休耕期，他们会有更大的丰收。关系的低谷时期有时候不仅仅是休耕期，而且可能会是猛烈的暴风雨期。幸福伴侣不喜欢暴风雨，但他们并不担心暴风雨，因为在一起多年后，他们已经能够正确地看待关系起伏。他们知道，无论是暴风雨期还是干旱期，一切都会过去的，而丰收的季节将随之而来。

实验 16　如何缓解生活中的压力和焦虑

1. 列出你现在关系中压力或焦虑的来源，这些压力或焦虑是短期的还是长期的？

2. 你现在处于关系的亲密和激情期，还是处于休耕期？这种时期持续多久了？写一段简短的文字说明你认为自己现在处于这个时期的原因，以及你认为这个时期会持续多久。

3. 如果你的生活中存在长期压力，请执行幸福伴侣在这种情况下会采用的两种策略：

第一，寻求一些途径来培养和维持亲密关系，即使只能达到最低水平的亲密感。例如：每天抽出 10 ~ 20 分钟把注意力完全放在彼此身上，并且只谈论积极的话题；每周抽出一些时间和彼此享受娱乐时光；制订一个 30 分钟的谈话计划，讨论那些困扰你们的话题，先聊聊你们的感受，并试着思考解决方案；确保每天都共度一些时光。

第二，确定压力的来源并制订消除压力的长期计划。这可能需要你们花费较多时间讨论和制订策略。当你们达成计划后，写下你们一开始需要完成的步骤，并在一旁写下实现中期目标的日期。

把问题看作机遇

关系中的冲突和不和谐令人痛苦。因为痛苦带来的不愉快，大多数伴侣自然会竭尽全力地避免它们。他们往往把问题看作一种表明他们关系不够理想的迹象，并且相信如果他们更般配，生活会更加顺利。

幸福伴侣对问题的看法完全不同，他们认为关系中的问题象征着学习和成长的机会。美好关系的一大秘诀是，他们意识到关系带来的痛苦可能会越来越多。当然，这并不会让他们感到快乐和轻松，但他们欣然接受，因为这意味着他们的关系正在继续发展。幸福伴侣不会受到问题的威胁。因为无论问题是什么，都是在他们有善意、爱意和承诺的背景下发生的。如果他们愿意在痛苦中学习，而不是抵触或逃避痛苦，他们就能对自己和伴侣有更深刻的洞察力。

如果你一整天都在搬重物然后觉得背部疼痛，你就会注意到，因为身体给了你一个信号。第二天，你可能会改变自己的姿势，并且想办法锻炼背部，避免再次出现这种问题。

关系中的问题也会以同样的方式发出信号，和伴侣发生冲突让你有机会找到并治愈自己内心的创伤。例如，当你和伴侣陷入僵局，在表面的争吵之下，你的内心深处可能是这样想的："我知道你会像父母一样伤害我，所以我无法对你敞开心怀。我必须继续关注关系中的负面因素，因为这样我才能找到理由继续封闭自己的心。"

像这样陷入消极模式的伴侣必须慢慢学习如何信任对方。他们必须意识到："这个人不是我的父母，他/她没有恶意。他/她对我有善意，他/她的行为可能像我父母的作风，但他/她和他们不一样。"每当伴侣双方冒险更信任对方，他们之间的信任就会进一步增强。

如果伴侣双方没有意识到关系中的冲突是一种机会，或者对彼此没有善意，那么他们就会把问题看作需要解决的事情，而不是可以从中学到道理的事情，这种差异是巨大的。

在学会道理之前，请先耐心地处理冲突，而不是掩耳盗铃地粉饰冲突。当然，这可能需要足够长的时间。是什么让伴侣双方有了这种坚持？是因为他们相信如果坚持不懈地渡过难关，他们就能有所成长，并且成为更强大的个体和更亲密的伴侣。是否具有把问题看作成长机会的信念，是区分婚姻关系是否幸福最重要的特征之一。

幸福伴侣渴望个人成长，他们相信问题能够让他们在精神和心理上取得突破。这让婚姻中的每一场冲突，不论是小的争吵，还是大的战争，都变得不一样。结婚后的头几年，我在自己的家庭中清楚地认识到了这一点。正如我之前提到的，我和迈耶相识时，他 11 岁的儿子加布和他住在一起。我希望给加布他从未体验过的母爱，并满怀激情地投入这种努力中。但在加布看来，我太热情了。他觉得我会分走爸爸对他的爱，因此并不欢迎我。并且他还有很多事情没有想明白，没有做好准备接受我渴望的那种关系。

我每天都要努力地控制自己不把他对我的拒绝放在心上，但他对我的敌意有时候让我感到怒不可遏。我从来不知道自己还能这么愤怒，我的丈夫因为夹在我们两个人中间而筋疲力尽，常常不知道该怎么做。

我们当时认识的另一对伴侣看起来非常恩爱，但他们不愿意承受重组家庭的压力，最后放弃了他们的婚姻并分道扬镳。同样地，我们当时也可以选择为加布提供另一种生活环境，这样我们就能和谐相处。如果我们当时处于最常见的回避问题和痛苦的模式，我们肯定会采取这种选择，因为有时候压力让人难以承受。但因为我们珍视自己的（和加布的）精神成长，并且相信我们可以从这种意料之外的痛苦中获得成长，所以我们坚持了下来。我当时的日记片段很能说明问题：

这真的，真的太难了。但我内心深处觉得，如果我们能渡过这个难关，我会变成一个更聪明、更成熟的人。我的行为已经有了很大的转变,以前我从未想过自己能够达到并跨越这种极限。但显而易见的是，在我生气或受伤的同时，我内心深处仍然有一种感觉，我很高兴自己有这样的经历。我不想错过这种体验。这就是我现在的生活，如果有人能够解决这种问题的话，我也能。我学到了很多，在设定界限方面有了很多实践经验。我清楚地看到，为了让加布喜欢我，我总是太过宽容。我在生活中的其他方面也有这种倾向。所以这给了我一个设定界限的实验机会。我很感激这段经历。这是一个挑战，我和迈耶正在建立起对彼此的尊重，并体验到“支持”的意义。而且我完全相信在未来的某一天，我和加布能够建立良好的关系。这就是生活。我们可以让加布住到别的地方，但我们永远不会这样做。

我一直以为自己需要“快乐”。但现在我明白了，我想要的是良好的自我感觉。加布这件事让我有机会看到自己在需要技巧、判断、克制和尝试新行为的情况下是如何采取行动的。当我做得好时，我会自我感觉非常好（当我搞砸时，我有机会练习不对自己失望）。关系中不会缺少问题或挑战，在关系中，我需要学习如何妥善处理问题和挑战。很多时候这不是一件愉快的事，但我觉得这非常非常好。我很高兴遇到这些问题。我正在做自己当下应该做的事。最重要的不是抵触问题或希望问题不要出现，而是接受每一天的问题并尽我所能做到最好。

人们生孩子不是为了让生活更轻松，而是为了让生活更丰富多彩，只是这种丰富多彩的表现形式有时候比较奇怪。

我最近看了一个关于老人的摄影展。这些美丽肖像的脸上有着深深的皱纹，但他们的眼睛明亮而深邃。我听到好几个参观者评论道："这个人看起来多么有智慧啊，我多么希望能够听她诉说这么多年来学到的一切。她的脸庞多么美丽，多么有个性和深度。"这些老人从充满挑战的、丰富多彩的生活中获得了智慧，形成了这样的脸庞。我想在我写日记时，我就处于这样的情形中，我可以从中学到许多深刻的教训，这是从其他途径无法学到的。

当我处于这种情形时，我每天都在学习。但过了一段时间后，我发现自己能够更清楚地认识到一些对我来说很重要的教训。用 19 世纪瑞士哲学家亨利·弗雷德里克·埃米尔的话来说就是：

为了理解事物，我们必须先置身其中，然后走出来。先是受困，然后解脱，最后是幻想的破灭和热情的浇灭。从未受困的人和从未走出困境的人一样无能。

我们只了解我们一开始相信的事物，然后做出判断。要理解，我们必须是自由的，但并不总是自由的。这个真理同样也适用于关于爱和艺术的问题。

只有当你坦然地接受关系和生活呈现在你面前的斗争、困境和冲突，并把它们看作获得智慧和力量的机会，你才能理解埃米尔的话或我在日记里提到的“丰富多彩”。

亲密关系中的冲突和痛苦

亲密关系也会带来痛苦，因为爱情自然会造成紧张局面和冲突。你处理婚姻冲突的态度决定了冲突的结果。如果你能把冲突本身看作一个学习的机会，那么问题将更容易解决，你也更有可能在冲突中成长，因为你会在这种情况下寻找学习的机会。

把冲突看作亲密关系的一部分十分重要。为了充分利用冲突，我们应该准确地了解亲密本身是如何造成痛苦的。

亲密是一个褪去你外在的、公开的自我，和另一个人分享内心世界的过程。然而，内心世界的某些部分和自卑、内疚、后悔引发的痛苦与羞耻感有关，和另一个人建立亲密关系的其中一步是感受和分享过去深刻的创伤。

健康的亲密关系可能会让你痛苦的另一个原因是，对我们大多数人来说，爱情从来都不是简单纯粹的体验。当你坠入爱河时，你可能会在那一刻体验到爱和被爱的乐趣，但同时也会回想起曾经的爱给你带来的痛苦。爱情令人兴奋，但也能让你回忆起上一个拒绝你的人给你带来的苦痛、爱过你又抛弃你的人对你造成的伤害、付出信任却被背叛的苦楚。你沉溺于爱情的快乐中，同时也希望自己远离这些伤痛。你会感到矛盾和混乱，既想接近又想逃避。这很困难，但积极的一面是，这份爱让你有机会治愈旧伤，用不同的方式去爱和被爱。这就是亲密关系引起痛苦的原因，也说明把关系中的冲突看作精神和心理成长的机会是至关重要的。

想想另一种情况：如果你拒绝分享脆弱的内在自我，继续自我怀疑，隐瞒过去痛苦的故事，那么你实际上是在关上心扉。这样一来你就不必回顾痛苦，但你也没有机会去爱或得到爱。愿意敞开心扉承受爱情的痛苦和享受爱情的甜蜜并不容易，但这是通往幸福爱情的唯一途径。

如果你只想享受爱情的甜蜜，却想逃避爱情的痛苦，那么用诗人卡里·纪伯伦的话来说：

> 你最好掩盖真实的自我，避开爱的考验，进入不分季节的世界，在那里你将欢笑，但并非开怀大笑，你将哭泣，但并非尽情哭泣。

亲密，不论带来痛苦还是快乐，都是一位伟大的教师。它会让你体验到你自己永远无法独自体验的那一部分自我。独处时，你永远无法知道其他人是怎么看你的。你永远不知道，自己在一段长期关系中表现如何，自己可以多么慷慨或多么自私，自己解决冲突、提供支持和接受支持的能力如何。亲密关系将迫使你面对生活中的大多数问题：你的家庭史、个性特质、人生目标、沟通方式、管理感情的方式、对关系承诺的意愿和方式、爱和被爱的方式。如果你愿意在挫折中成长而不是被挫折打败，那么婚姻生活会是一个丰富多彩的学习环境。

把问题看作成长的机会也是避免婚姻出现厌倦的最佳保险措施之一，因为你总能在自己和对方身上发现新事物。你从对方身上观察到的变化以及一路上和对方分享的点滴进步会成为一段长期关系的宝藏。我采访过的每一对结婚超过 8 年的伴侣几乎都向我诉说了他们多年以来共同努力取得的重大变化。

像其他所有伴侣一样，幸福伴侣也会恐惧。但幸福伴侣不会问自己："我害怕吗？" 而是会问："我真的想让恐惧阻碍我在关系中获得我所渴望的亲密感和爱吗？" 虽然有些人会说爱就是不再恐惧，但更确切的说法可能是，爱是和恐惧做朋友。

幸福伴侣认识到了自己内心的"恶魔"并与之和解。他们不必活在恐惧之中，担心过去的伤口、令人痛苦的遗憾、深深的不安全感会再次出现并摧毁他们，因为他们已经认识这些"恶魔"，并和伴侣分享了，也因此削弱了这些"恶魔"大部分的摧毁能力。他们明白，勇气不是不再恐惧，而是拥有在恐惧面前采取行动的能力。

实验 17　如何应对关系中的障碍和挑战

回想在你们的关系中，你们必须克服的一个重要挑战或主要障碍。

你认为作为伴侣，你倾向于回避挑战，掩饰并且试图忽视问题，还是直面挑战，相信自己最终会克服它们，并成为更强大、更美好的人？

幸福和纯粹的快乐并不是衡量关系好坏的唯一标准。同样重要的是你如何承受每段关系中出现的挣扎和磨难。一起解决问题让你们对彼此更加安心。你会开始意识到："如果我们能渡过这个难关，我们就能解决任何问题。" 你会尊重和感激伴侣和自己。最重要的是，你将能够正确地看待事物，这种宝贵的视角能够帮助你更轻松地应对未来的各种挑战。

第七章

增进关系的沟通

沟通质量是决定关系幸福与否的关键性因素。通过彻底理解和定期实践一些简单的原则，我们就能扭转失败的关系，也能让本身就十分幸福的关系更上一层楼。这些原则也是培养友谊、促进亲密感、育儿、提供让客户满意的生意或服务、企业管理、谈判等方面的必要技能。事实上，每一种关系都可以通过这些简单的原则得到改善，也可能因为缺乏这些原则变得糟糕。

然而，大家普遍抵触学习和采纳这些原则。

我采访过的幸福伴侣几乎都表示，他们之间有良好的沟通，甚至在采访一开始就会自豪而愉快地提到彼此之间的“良好沟通”。但随着采访的深入，我发现在许多情况下，他们并没有想过，或者甚至并不一定了解沟通“规则”。他们提到的良好沟通是指以下一种或多种情况：他们的沟通障碍相对较少；他们能够轻松地讨论比较严肃的话题；他们觉得彼此能够互相理解；他们对彼此很少有所保留；他们可以依靠自己的能力解决冲突。

这些正是他们学习沟通"规则"后想要达到的目标。彼此之间有充分善意的伴侣可能并不清楚他们用于实现良好沟通的规则或技能，他们只是自然而然地就学会了运用它们。但和我交谈过的许多幸福伴侣也会从书籍、研讨班、婚姻顾问甚至杂志文章等途径学习具体的沟通技能，并从中受益。

所有重要的沟通方法都可以归结为五项基本技能。这些免费技能不含水分，并且完全合法，还能为你提供巨大的个人满足感。你的技能对别人来说可能是一份美好的礼物，如果你能学习并运用这些技能，你就能为你爱的人付出更多，实现生活中大部分的愿望，在人际关系中取得更大的收获。

这些技能是：

- 做出关于"我"的陈述，而不是关于"你"的陈述。
- 倾听。
- 理解并接受男性和女性之间的差异。
- 告诉对方你想要什么。
- 肯定他人。

只要阅读本章，你就能了解这些技能。然后你必须在需要运用这些技能的现实情境下进行实践。实践得越多，你对这些技能的掌握就会越熟练。

做出关于“我”的陈述

当你对某人生气，或者你觉得这个人伤害了你时，你会本能地说一些像贝丝在以下虚拟情境中说的话：

你从来都不关心我，你在派对上一直和萨拉在一起。你觉得我会有什么感受？你从来不考虑自己的行为。你有时候太不为别人着想了。你到底爱不爱我？

这些都是关于“你”的陈述，是对惹你生气的人的责备和批评。贝丝的伴侣罗伯特几乎别无选择，他只会觉得被责备和批评。他很可能不同意贝丝的说法，不觉得自己不为别人着想和不关心贝丝。因此他会本能地为自己辩护：

你这是什么意思？和萨拉的谈话根本没什么。我花了很多时间陪你。

然后罗伯特也很可能会做一些关于“你”的陈述：

你太敏感了。你太可笑了。你总是对很小的事情大惊小怪。

如果贝丝一开始做出了关于“我”的陈述，这个情境将完全不同。关于“我”的陈述表达的是你自己的感受和体验，和对方完全无关。如果贝丝说：

罗伯特，我想和你讨论一些事情。你在派对上和萨拉待了那么久，让我感到受伤，甚至有点儿害怕。我知道，这听起来有点儿不理智，但最近我一直觉得和你有点儿疏远。我们的相处时间好像变少了。

现在，贝丝给了罗伯特一些关于自己的信息。她的陈述更有可能引起罗伯特的关注和关心，而不是戒备心——尤其是当他们处于一段有善意的关系时。贝丝正在谈论的是自己遇到的问题，因此罗伯特可能会说：

天哪，亲爱的，我完全不知道你有这种感受。我很抱歉。我们聊聊吧。

在愤怒时做出关于“我”的陈述，这个简单的原则可以让关系产生惊人的变化。事实上，它能够把原本可能引发争吵的局面扭转为一场富有建设性，甚至十分亲密、温暖的对话。大多数人在情绪激动时会本能地做出关于“你”的陈述。一旦你察觉到自己这样做，你就应该立即停下来，准确地做出关于“我”的陈述。让对方了解你的感受就够了。

请听以下两种陈述的差异：

你花太多钱买衣服了，你没有考虑大局！

你花那么多钱买衣服让我感到非常焦虑。我觉得心里很不舒服。

你总是打断我！

我觉得自己没有机会说完我想说的话。

你又忘记买牛奶回家啦！

我现在非常生气。

做出关于“我”的陈述，并运用我们即将讨论的第二个技能：倾听和反馈你听到的内容，伴侣就能在不争吵的情况下处理几乎所有令他们感到愤怒、受伤或不安的情绪。

实验 18　试试“我”的陈述

为了练习做出关于“我”的陈述并开始养成习惯，请回想现在困扰你的事情，然后针对它做出关于“我”的陈述——可以自己练习或和惹你生气的人一起练习。

倾听

当我们听到“良好沟通技能”的必要性时，我们通常会想到说话——更清晰地表达自我、用正确的方式表达、传达我们的信息等。但事实上，大部分的良好沟通都在于倾听。

有效倾听可能是被最广泛教授的沟通技能，但也是最容易被忽视和滥用的一个技能。

原因很简单，在最需要有效倾听的情况下，听众通常更关注自己的需求，而不是需要倾听的人的需求。

倾听意味着设身处地地为他人着想，意味着在试图让别人理解你之前，先试着理解不同的观点，意味着有同理心——认同或间接地体验另一个人的感受、想法或态度。就这样，这简直太简单了。

一些人认为，倾听是一种高级技能，只适用于深入、亲密的谈话或微妙的谈判。但恰恰相反，**倾听只是一个简单的习惯，只要你不是独自生活在荒岛上，你每天都有许多机会可以运用这个技能。**

让我们先来看一些需要倾听的常见情境。我们会先看到一个典型的缺乏倾听的回答，然后再来看看有效倾听的回答是什么样的。

店员："天哪，我们已经没货了。"

顾客："不行！我今天早上刚打电话确认过，我开了4个小时的车来买，我今晚就要这个商品。"

店员："我今天一整天都在这儿，没人告诉我你打过电话。我们错过了上周的货，所以好几样商品都没货了。下周我们会到货的。"

店员的反应是立刻为自己辩解。她试图通过解释发生的事情让顾客理解她的观点。但她只站在自己的立场，她不想理解对方，只想被对方理解。她传达的信息是："这不是我的错，别烦我，这不是我的问题。"如果店员倾听顾客，设身处地为顾客着想并且有同理心的话，她会说："呀，您肯定很失望。您今晚就要吗？很抱歉，我们没货了。我可以理解您的心情。"然后她可以打电话给另一家店，到仓库里查看或推荐一个相似的替代商品来帮助顾客。但首先，她必须表示自己理解这位女士的失望，肯定对方的感受。她的理解和肯定可能会让这位女士停止发泄愤怒，转而寻找解决的方案。

妈妈："约翰尼，你必须穿雨衣！"

约翰尼："不，妈妈。我不想！"

妈妈："不要和我顶嘴。穿上吧！"

这位母亲考虑的是自己。她不想被顶撞，只想让孩子穿上雨衣。如果她一直倾听并且想办法理解对方，她会说："你真的不想穿雨衣，对吧？这真的会让你很不开心。"然后她可以问孩子不想穿雨衣的原因，并请孩子想出其他不淋湿的办法。但首先，她必须表示自己理解他的感受和想法，并对他进行肯定。

刚刚回到家的丈夫告诉妻子，面包店卖光了她特意订购的那种水果蛋糕，所以他买了个胡萝卜蛋糕。

妻子："我很生气。我爸爸最喜欢吃那种水果蛋糕，我真的很想给他一个惊喜。我简直不敢相信，3天前我就订好了，并且跟面包店说得很清楚。"

丈夫："亲爱的，这个胡萝卜蛋糕很好吃。没人会知道你一开始想送给爸爸的是水果蛋糕，真的没关系。胡萝卜蛋糕也很好。"

这位丈夫试图安慰妻子，但他并没有倾听。他一直站在自己的立场上看问题，他觉得这件事没什么大不了，胡萝卜蛋糕也很好。

我亲眼看见了这一幕，接下来发生的事情是可以预料到的。丈夫的言论让妻子更加恼火："但我爸爸喜欢那种水果蛋糕，我还指望着给他一个惊喜呢，面包店怎么能这样？"

丈夫发现自己无法说服妻子接受自己的观点，于是他转身把胡萝卜蛋糕拿到厨房。他们之间没有任何交流，没有良好的感觉，也没有机会在彼此之间传递温暖和善意。

这位男士本来可以说一些让妻子觉得自己被倾听和理解的话。他可以说："我知道你会感到失望。"或者："我很抱歉亲爱的，这真是太令人气愤了。"

从这些例子中我们可以看出，倾听通常有两个步骤。首先是听对方在说什么，经历什么，有什么感受。第二个步骤是让对方知道自己的倾听和理解。

也许最需要倾听并且也最难做到倾听的时候是别人对你不满的时候，特别是当你还没有学会有效沟通时。在这种情况下，人会本能地产生戒备心。让我们来看看没有学会做关于"我"的陈述的人在愤怒时的表现：

"你总是迟到！"

"我没有！"

"你怎么能说话不算数？你答应过我的！"

"我怎么知道这个周末老板会找我？"

"3周了！你还没修好窗户！"

"我有太多事要做！"

如果被控告的一方先表示理解——先倾听，然后告诉控告者"我理解你的感受”，那么这些简单的对话会产生很大的变化。

“你总是迟到！”

“我知道我迟到会让你不高兴。我敢肯定这一定很让人恼火。”

“你怎么能说话不算数？你答应过我的！”

“我知道你很失望。我很抱歉。我不怪你生我的气。”

“3周了！你还没修好窗户！”

“我很抱歉，换作是我，我也会生气。”

人们拒绝运用倾听技能时常用的一个借口是，重复对方说的话听起来虚假又愚蠢。但从以上这些例子可以明显看出，不使用公式或不必简单地重复对方说的话，也完全可以表达出你已经理解对方了。反馈你听到的话十分重要，不是死记硬背，而是用心倾听。如果你非常仔细地倾听，并且真正关心对方，那么你的反馈就不会是机械呆板的。就像任何一项新技能一样，倾听刚开始时可能会让人觉得尴尬，但当你开始体验到倾听给你和周围人的生活带来的变化时，这种尴尬的感觉很快就会消失。请记住，倾听时必须始终遵守两个步骤：先仔细地聆听并重复你听到的话，然后加以肯定。

当倾听技能达到炉火纯青的状态时，倾听者不仅能反馈出说话者的话，而且能反馈出他/她没有说出口的话：

“这个房间很乱！”

“我看得出来你在生我的气。”

当你觉得对方想发言时，简单的一句“告诉我吧”或“再说点儿吧”就能产生意想不到的效果。

人们用来拒绝倾听技能的另一个常见理由是，他们的确有不同的观点，并且希望能够表达出来。

倾听某人并不意味着你不能发言，只是意味着你必须先倾听，告诉对方你聆听并理解了他 / 她的话，并且会好好考虑。然后你就可以表达自己的观点。当然，如果你能够有效地倾听，你的言论就更有可能切中要害。

如果你想要一段真正幸福的关系，没有什么比倾听更重要了。倾听是肯定对方、和对方建立亲密关系、解决冲突、协商及保持快乐的基础。

幸福伴侣真的从不吵架吗

我采访过的大多数幸福伴侣很少吵架。他们中大多数人都告诉我，他们之间有过严重的情绪大爆发，但争吵并不是他们的解决方式。在大多数情况下，他们可以在没有争吵、不指责对方“犯错”、不伤害对方、不互相打击、不想“赢”过对方的前提下解决冲突和分歧。当人们觉得自己没有被倾听时，他们就会争吵。

如果发生冲突的双方愿意并且能够互相倾听和理解彼此的观点，他们就能和平地进行协商。如果他们觉得愤怒或受伤，他们可能需要花几分钟以一种不合理或不理智的方式发泄情绪。但只要他们不是心胸狭隘的人，他们很快就会重拾善意，努力解决冲突。

以下这些简单有效的建议能够帮助你和平地解决冲突：

- 不要带着戒备心回应对方。如果你觉得自己有抵触情绪，只需要说："我已经产生了戒备心，我不想带着这样的感觉回应。"然后等一会儿再多说一点儿，或让你的伴侣发言。观察这种戒备的倾向是否消失。如果你感觉自己说的话让伴侣产生了戒备心，告诉对方："对不起，我的话让你心存戒备。"
- 如果伴侣想要谈谈困扰你们双方的事情，请遏制自己回应的欲望，静静地坐着倾听。如果伴侣停下来，你可以说："再多说点儿吧。"让对方知道你正陪伴着他/她，并且真的在用心倾听。
- 当你做出回应时，尽可能准确地陈述伴侣的立场。如果你不理解或不同意对方的观点，或者无法理解伴侣站在这种立场的原因，询问他/她。探索伴侣所持观点背后的原因，试着先充分理解对方再表达自己的观点。
- 轮流发言和倾听。也许在不争吵的情况下解决冲突的最重要准则是，记住你的目的是找到对双方来说都可行的解决方案，而不是"赢"。

经常争吵和争论的人往往非常在乎谁对谁错。他们可能没有意识到这一点，但在内心深处他们认为，为了让自己感觉良好，或者为了让其他人对他们感觉良好，他们必须是对的一方，并且必须向其他人证明他们是对的一方。这些人把当对的一方看得比友谊、快乐、尊重、喜爱更重。但幸福伴侣和生活中几乎没有冲突的伴侣可以放弃当对的一方。如果他们认为某种立场会给自己带来负面影响，他们就可以放弃这种立场，并且不会因为认输而觉得羞愧。

请记住，不同意一个人的观点和评判一个人的观点之间有着很大的差异。“我不同意你的观点”和“你错了”是两种完全不同的陈述。（“你错了”暗示“你的观点说明你是个坏人”。）

我认识的一位男士正在和一位爱好奢侈穿着、化妆和奢华珠宝的女士约会。这位男士更喜欢简朴的乡村生活，他觉得这位女士的衣橱太夸张了。他们都很喜欢对方，但她的这一面让他感到困扰。“为什么她看不出来那些时尚的东西多么肤浅，非要盲目跟风？”他对我说。

“你可以不同意她的观点，不喜欢她的所作所为，但不能因为她的行为就把她当作错的一方。”我告诉他，“你有权保留意见，但你不必评判她。显然，她不认为时尚是肤浅和盲目跟风的，不然她不会这么做。”明白两者之间的差异后，我的朋友松了一口气。他没有必要改变她或说服她改变自己的行为，理智的人在时尚这个问题上可能会有不同的观点，他们只是品位不同而已，没有人是错的一方。他不喜欢她的衣服，但没有必要说服她认同自己。这真是一种解脱啊！

和平解决冲突的第二个重要原则是避免责备对方。当你发现自己因为某件事情责备对方时，问问自己，我在这场冲突中扮演了什么样的角色？

我采访过的一对伴侣表示，他们之间一直存在的一个大问题是他觉得她买了太多的书。他认为人们应该使用图书馆，买书是愚蠢的。书籍太占地方了，还会积尘，一般只会读一次，最终都会沦为闲置。但她喜欢书籍，喜欢在页边空白处写字，喜欢把书借给朋友们或者放在手边以备不时之需。他们之前一直无法达成解决方案，直到他意识到，自己一直在责备她，而解决这个冲突可能需要他改变自己。当他开始审视自己的角色时，他发现自己总是因为书籍的事情烦她，给她带来的困扰不亚于她买书给自己带来的困扰。他自己才是冲突的根源，而不是她，她只是在做自己而已。如果他能够改变自己，放松心态并不再指责，他们就不会有冲突。他也确实做出了改变，这对他们来说都是一种巨大的宽慰。通过放弃指责，并审视自己在冲突中的角色，他解决了这个冲突。

避免争吵的真正秘诀就是学会倾听，站在别人的立场上，理解对方的观点，并告诉对方你的理解。请记住，只有在觉得自己没有被倾听时，人们才会争吵。

实验 19　练习倾听

和伴侣进行倾听练习：选择一个令甲方感到气愤的真实或虚拟情境，让甲方发泄和表达愤怒。乙方先用一种缺乏倾听的方式做出回应，要么表现出戒备心，要么试图为问题提供解决方案或谈自己的感受，有意地只站在自己的立场上，只关注自己的观点。完成角色扮演后，伴侣双方都说出这种互动给自己带来的感受。

然后，重现愤怒的情境。这一次，乙方要尽可能地表现出同理心，站在伴侣的立场上，试着理解并告诉对方自己理解他 / 她的感受。角色扮演之后，再次讨论这种互动给你们带来的感受。

互换角色再进行一次练习。

理解并接受男性和女性之间的差异

从严格的性别角色定位中解脱出来，获得新自由，令我们非常兴奋。我们发现男性和女性并非完全不同：女性也可以是职场人士，男性也可以换尿布。我们致力于消除性别差异。但我们很快意识到，虽然我们的角色可以互换，但我们的心理却不能。男人和女人的心理是非常不同的。

我们现在认识到，男性和女性的生理与心理存在着一定差异，虽然异性的行为与我们不同，但也并非错误。如果我们认为异性的行为是“不好的”，那么我们就是目光短浅——而且守旧。正因如此，我们现在能够预测异性的表现，并将其看作正常行为，所以我们就能不再抱怨对方，而是互相接受并改变我们的期望。

我们终于意识到，男女之间的大多数巨大差异都存在合理的历史和心理原因。如果我们理解彼此的差异，我们就能好好相处，就能尊重和遵循各自的属性特征，并继续为社会、政治和经济平等而努力。我们甚至可以通过互相学习来拓展自己的行为范围。差异是好的，而不是错的。唯一的问题是，我们总是期待彼此完全一致。现在我们知道两性是不同的，那么我们就能摒弃这种期望，专注于学习如何与另一种亚文化相处。我们就能不再谴责彼此的动机，并认识到我们都在努力实现相同的目标，只是实现目标时使用的语言和采用的行为不同。

让我们来看看这对沟通的影响吧。

分享者 / 解决者原则

我们了解到，男性经常通过对话来解决问题和做出决定，而女性经常通过对话来表达思想、表达感情、感受彼此之间的联系、建立融洽关系和亲密关系。从对话的角度来看，女性是情感分享者，男性是问题解决者。

如果男性和女性不了解彼此的风格，他们的谈话就会令双方非常懊恼。比如：

她：“这份愚蠢的工作让我感到疲倦。听听客户今天对我做了什么！”

他：“亲爱的，我一直告诉你要换个职位。”

在我们尚未意识到解决问题的“万能钥匙”之前，即女性是融洽关系的建设者和情感分享者，而男性是问题解决者。上述交流可能会让这对伴侣绝望地求助咨询顾问：

她：“他不愿倾听，就直接打断我。他知道我不能这么快就要求换个职位。他不关心我或我的感受，什么也不想谈。我只是想聊聊这个愚蠢的客户，一吐为快，但他制止了我。他总是认为自己比我懂得多。他让我很生气，我觉得我们不再亲密无间了。”

他：“我不知道她想要什么！我真的很关心她。我只是想帮上忙。我不知道她为什么不能要求换个职位，不明白她为什么这么生气。她太激动了。她会一直喋喋不休地讲自己在商店里看到的场景，却不愿意倾听我的话。”

这种僵局是伴侣对分享者 / 解决者原则的无知造成的。他们都有善意，并且都在做自己最擅长的事情。她在分享自己的感受并试图和他建立沟通，并且做得很好。他想通过解决问题帮助她，并且也做得非常出色。但因为他们不知道关键的分享者/解决者原则，所以他们误解了对方的动机，无法看到对方正在用不同的方式展示善意。

那么，分享者/解决者原则能够如何帮助他们呢？他们可以怎么做，或者你可以怎么做？如何在日常生活中运用分享者/解决者原则呢？

答案非常简单，并且可以立即付诸实践，几乎不需要练习：你只需要为自己想要的对话打上标签，然后请对方和你进行你想要的对话。**男性倾向于解决问题，而女性倾向于分享感受，但这并不意味着两性不能适应彼此的模式。**如果上面提到的这对伴侣已经讨论过分享者/解决者原则，并且了解这两种类型的对话，他们的对话可能是这样的：

她："这份愚蠢的工作让我感到疲倦。听听客户今天对我做了什么！"

他："我一直告诉你要换个职位。"

她："亲爱的，我现在想谈谈感受，好吗？我只是想一吐为快。我可以跟你聊聊吗？"

他："当然。谢谢你的提醒。你跟我说说吧。"

（她讲了这件事，他表示同情。当她差不多说完后，他接过话茬。）

他："这个情况确实很糟糕。但在我看来，你处理得非常好。你愿意现在进行一些解决问题的对话吗？因为这些情况仍然不断出现，让我觉得有点儿沮丧。我想谈谈你可以改变这种情况的一些方法。"

她可能会说："行。谢谢你的关心。我想我现在可以谈谈解决问题的办法了。”或者说：“说实话，我现在已经筋疲力尽了。我保证在接下来的几天里会聊聊解决问题的办法。星期天早上怎么样，可以吗？”

当你意识到你们两人可能处于不同的模式，你就应该立刻给对话贴上“情感导向”或者“解决问题导向”的标签，这是一个神奇的工具。当然，我假设的情况是双方都有善意，任何一方都不认为男性以解决问题为导向是错误的，或女性以情感为导向是错误的，或这两种模式的其中一种比另一种更好。双方都认可这两种模式的有效性和重要性，只是同意暂时先使用其中一种。

我还注意到男性与女性之间在对话风格上的其他差异。在我的研讨班上，男性和女性都发现，提前知道以下这些明显的倾向非常有用：

- 女性通常会说出，并且也希望听到许多细节，而男性会说出大致的框架，然后直奔主题。
- 女性常常会谈论人、情感和个人问题，而男性喜欢谈论政治、体育、工作、电影等话题。
- 女性希望得到别人的喜爱和接纳，而男性希望得到别人的尊重和欣赏。
- 男性潜意识里会关注他们的“地位”，并试图操纵对话，让自己成为“主导”的一方，而不是“被动”的一方。女性则更关注自己是否“被喜爱”，并且如果她们觉得自己得到了接纳，她们就非常愿意牺牲自己的“地位”。

当然，伴侣们很久之前就多多少少意识到这些差异了。最近发生的转变是，我们不再因此抵触对方惯有的模式，而是开始接受它们。我们现在愿意承认这两种模式都有效，并愿意尝试对方的模式。真正的问题不在于女性无法解决问题或男性无法进行情感交流，而是到目前为止，女性更重视情感交流，而男性更重视解决问题。

意识是解决问题的关键。认识到我们各自的亚文化教导我们追求什么，我们就能为自己做出选择，并且可以用完全不同的视角来评价异性的行为。

例如，想象一下鸡尾酒会上发生了以下场景：一位男士和一位女士开始谈话。他们开始谈论政治，她提出了自己的看法，他表示赞同并继续详细阐述。她又追问了几个问题，他很高兴，进一步详细阐述自己的观点。最后，他们热情地结束对话，微笑着表示能找到志趣相投的人是多么美好呀。

后来，她对朋友说："他很聪明，但太自恃清高了。"与此同时，他也对朋友说："她真的很好，但没什么见识。"他想得到她的尊重，成功了，但副作用是她并不喜欢他。她想得到他的喜爱，也成功了，但对她来说，副作用是他并不尊重她。

但如果他们对这两种模式有所了解，他们之间会产生什么样的变化呢？如果这两个人能够根据他们对男性和女性平时习惯的了解仔细回想他们的对话，她可能会意识到："我需要多说一点儿。我还有很多话要说，但当时我只是让他继续发言。这太蠢了，我扮演的是被动的女性角色。"而他可能会意识到："我应该问问她的想法，毕竟是她先提出这个话题的。我不必总想着给她留下深刻的印象。为什么我主导了谈话呢？"

男性需要意识到，女性喜欢以非解决问题的导向模式分享和交谈，实际上，这有时正是她们获得解决方案的方式。但她们这样交谈的主要目的是为了与你建立纽带，你只要放松倾听，提出问题，认可她的感受，专注体验你们之间的情感纽带，尊重伴侣建立这种情感纽带的能力，并且记住，通过倾听和克制自己不去解决她的问题，你给予她的正是她渴望的亲密感。与此同时，不必觉得你必须调整自己的身份定位才能获得令人满意的沟通。当你在这种互动中达到自己的极限时，你可以用一种完全不带评判意味的方式让她知道。她并不是要你成为这类谈话的专家，只是要求你暂时切换到她的模式，不要试图解决问题。

当你爱的女人感到烦恼、沮丧或愤怒时，她最需要的并不是让你来解决她眼前的问题，而是确定即使连她都没办法爱自己时，你还是爱着她。你只需要抱着她，让她说话、抱怨或哭泣，告诉她你爱她并且理解她。当她对某件事感到兴奋时，允许她向你诉说，你也要表现出兴趣和注意力，让她知道你为她感到高兴。

此外，作为男性，你需要知道自己有一种本能的倾向，即想给别人留下深刻的印象，并赢得他们的欣赏。但女性更倾向于喜欢你而不是欣赏你。欣赏在欣赏者和被欣赏者之间营造了距离，而她最想要的是亲近。如果你想给她留下好印象，想取悦她，那就养成向她提问的习惯，表现出你对她的兴趣。她会因为这一点爱你，而爱你就是她的目的。当然，出乎意料的是，她也会因此更加欣赏你。

学会向你的妻子提问，问问她的工作、朋友、意见等。这对她来说是一份礼物，会给你们的关系带来一些惊喜。

女性需要意识到，男性喜欢通过提出建议、意见和解决方案来提供帮助和支持。他们这样做是为了帮助和支持你，而不是打断或打击你，你应该对他们的帮助表示感激和感谢。如果你想以更开放的心态来进行讨论，请以一种不带评判意味的方式，大声说出自己的要求，但同时也要表现出切换到问题解决模式的意愿，让自己以这种方式得到帮助，感受他们提供的支持，并提出自己的解决方案和建议。学会适时的切换到问题解决模式，尽可能从对话中受益。

当你确定你们在讨论感受时，并且你正在谈论你的感受，但他没有在谈论他的感受时，试着简单地问他："你觉得怎么样？"你的伴侣可能没有想到或者忘记提及他的感受。

而且，作为女性，你需要意识到自己倾向于取悦他人并赢得他们的喜爱。你想让男性喜欢你，首先，你要赢得他的尊重。不要为了给男性炫耀自己的机会就对自己的专业知识、才能和技能轻描淡写，在对话中要始终争取平等。男性不问你的意见或观点，并不代表他不感兴趣。平衡与男性的对话，表现出你有头脑，他会因此尊重你，而尊重你正是他的目的。当然，出乎意料的是，他也会因此更加喜欢你。

两性双方必须意识到解决问题的对话和分享感受 / 建立关系的对话之间的区别。为你们想要的对话打上标签，并在开始前征得对方的同意。在所有谈话中，努力在谈话和倾听之间取得平衡。通过提问来表明你对对方的兴趣。

实验 20　先解决情绪还是先解决问题

和伴侣一起选择一个对你们来说存在争议的话题。先花 20 分钟进行以情感和建立联系为导向的对话，然后花 20 分钟进行以解决问题为导向的对话。你可能只需要练习一次，就能把这两种不同的模式清晰地记在脑子里，这样以后你就能提出要求，进行你想要的对话类型。

接下来的三种基本沟通技能对男性和女性来说同等重要，不同性别可能会本能地倾向于运用某一种技能，但男性和女性都应该全部掌握这三种技能。

告诉对方你想要什么

即使是幸福伴侣，有时他们也很难告诉对方自己想从关系中获得什么。我听到的关于这方面问题的故事不亚于其他方面的。这些故事大部分说明了伴侣在什么场合能够最终克服障碍，能够告诉对方自己想要什么。不幸福的伴侣往往许多年来都没能告诉对方自己想要什么。

为什么这么困难呢?

主要是因为我们害怕告诉对方我们想要什么之后会引起某种冲突或不适。我们告诉自己:“对方不会给我想要的东西，而且还会生气。”“我不知道如果我提出要求的话，会发生什么。”“我的伴侣会觉得受到了责备。”“反正我永远不会得到想要的东西。”“我想要的东西可能是愚蠢、无用的，我应该学会适应没有它的生活。”“我之前提出过要求，但并没什么用。”“我似乎永远都找不到问这个问题的合适时机。”“我的伴侣应该知道我想要什么和需要什么，用不着我提出要求。”“提出要求太扫兴了，我希望我的伴侣看到我的需求并主动满足我。”“我想做个好人，不想让我的伴侣因为我的愿望费心。”

如果你听到自己用以上这些借口作为不告诉对方你想要什么的理由，那就告诉自己：“这个借口不够好。如果伴侣没有给我想要的东西，这是我的责任。我的伴侣读不懂我的心思，我可能应该多说几次，其实没什么大不了的。如果我想满足自己的需求，我必须想办法提出要求！”

在关系中告诉对方自己想要什么十分重要，有以下几个原因。首先，如果你不提出要求，后果可能会很糟糕。任何你想要却没有说出口的东西都会成为一个秘密，因为它变成了一方知道而另一方不知道的事，它会成为你们之间的一面墙。更糟糕的是，有所保留的一方将不可避免地因为得不到他/她想要的东西感到不满。然后这种不满会变成另一面墙，进一步拉远你们的距离。正如一位男士告诉我的那样：“她对我很不满，而我并不知道她在不满什么。”

另一方面，如果你能鼓起勇气告诉对方你想要什么，你们关系中的某些方面就会发生改变。确实，当你提出要求时，你并不知道会发生什么。但你可以肯定，无论发生什么事，你们之间都会更进一步。即使你的要求引起冲突，这种冲突也是本来就需要公开讨论的，现在刚好有机会解决它。但如果你有所保留，什么都不会发生。

凯瑟琳向我讲述了她和马克斯在一起一年多后发生的事情：

我们在一家高级餐厅吃饭，吃完后我主动提出买单，但马克斯像往常一样，没有理睬我的提议，并刷卡支付了账单。

这一次，我阻止了他。我说：“你能不能问问我为什么要为自己的晚餐买单？”这个问题让他愣住了，他停了下来。他能感觉到我非常希望他能认真对待这个问题，于是他问了我。然后我对他的愿意倾听表示了感谢，并且说出了我一段时间以来一直想说的话。我表示，我坚决相信男女应该平等，而让他买单让我觉得自己像一个“伪君子”。虽然我知道他是出于大方才为我买单的，但这让我觉得他不把我当作平等的一方，不尊重我。我解释说，我只是喜欢自己买单的感觉，这让我感到快乐，让我觉得自己是一名独立的职业女性。听到这些，他震惊了，他以前根本不知道我的感受。但他马上就明白了，也很容易就做出了改变。他感谢我告诉他，并且表示不明白我为什么不早点儿告诉他。看到他这么体贴的反应，我也不明白自己为什么不早点儿告诉他。这对我来说似乎很难。其实我知道为什么这看起来很难。因为以前我曾试图和其他男性平摊账单，但他们并不理睬我的提议。他们说我的想法太愚蠢。在我的心里，我知道马克斯不会这样做，因为他是一个支持女性权利的人。但从情感的角度来说,我还是觉得很难开口。

我不知道我怎么会想到让他问我为什么要付账单，这只是我那一瞬间的突发奇想。但这个尝试成功了，这让我终于有机会提出自己的要求。

汉娜和马蒂是一对 40 多岁的幸福伴侣，他们都是职场人士。我认识他们时，他们已经结婚 14 年了，且没有孩子。他们彼此相爱，享受对方的陪伴，羡煞旁人。当我们讨论秘密时，汉娜直言不讳地提到完全坦诚的重要性。所以当她告诉我她最近才向马蒂提出她在做爱时喜欢的一些具体方式时，我感到非常惊讶：

这些年来我一直没有说出自己的需求，这真是太傻了。种种因素让我开不了口。首先，我们的性生活很棒，充满了变化和激情，我们仍然能让对方感到兴奋，因此我并非不快乐。其次，很久以前我向他提出过一些具体要求，他有点儿戒备。他说：“难道你不喜欢现在的样子吗？”因此我觉得如果再次提出我的需求，他还会是这种反应。当然，我知道我可以非常清楚地让他明白，我不是在抱怨，只是在提出建议，并且对他表示感谢。但我还是因为这件事而打消了念头。还有一件事，在我们做爱时，我们的谈话都是甜言蜜语，我不想在那种时刻提出要求；而当我们没在做爱时，我也不会想到要提出需求。这有点儿像下雨时，你没法修复漏水的屋顶，因为会被淋湿。但没下雨时，屋顶不会漏水，你也不会挂念这件事。

我的意思是，这对我来说从来都不是什么大不了的事。但几个月前，我们窝在床上看书时，不知道出于什么原因，我觉得是时候了。在开始之前，我向他保证，我对我们的性生活并没有什么不满或不快，然后表示我想尝试一些新花样。当然，他很开心，而接下来的性生活也让我们非常满意，我很庆幸自己提出了要求。

有时候我们没有告诉对方自己想要什么，因为我们并不知道自己的具体要求。温德尔和伊丽莎白已经结婚 27 年了，4 年前，他们才解决了一个最棘手的问题。伊丽莎白说：

我们似乎总是为了生日等重大节日吵架。温德尔会忘记这些节日，这让我觉得很难过。在一次这样的事件之后，我向一位朋友倾诉，这位朋友问我：“你有没有告诉他你的具体需求？”所以我回到家后告诉他：“一年中你需要准备三件礼物——生日礼物、结婚周年纪念日礼物和圣诞节礼物。还有，情人节那天，准备一张卡片。”温德尔很开心，他说：“我能做到！”从那以后，我们就不再为此争吵了。

帕齐和泰勒是一对五十出头的伴侣，有2个十几岁的女儿。帕齐除了担任全职编辑工作外，还积极参与社区工作。当我采访他们时，他们说了以下这些话：

泰勒："我能告诉你的是，我们刚刚经历了一个过渡期。有一段时间，帕齐开始不在家。几乎每个晚上，她都要开会。她对自己的工作很投入，这些工作很难推辞，但我们的家庭生活开始消失。我一直在抱怨，但帕齐只是说她也无能为力。她表示自己也不喜欢一直这么忙，但她喜欢自己正在做的事情，而且不想放弃。终于在一天晚上，我真的生气了，所以第二天早上，我还记得那是一个星期六，我们出去吃早餐，然后我们聊了聊。我告诉她这行不通，这太不公平了，我觉得自己一直在让步，而她没有做出任何努力。我表示真的很想念她，想要她花更多时间陪在我身边。我说，我只是希望我们一起看看她的日程安排，看看她能做出什么改变。她的态度是，她愿意这样做，但她认为这是没用的。我们谈了很久，一直谈到了中午。她最终做出了两个重大承诺：她同意把学校的简报工作移交给其他人，并且不再负责家长教师委员会的筹款工作。"

帕齐："我觉得有点儿羞愧和尴尬，我不得不承认泰勒是对的。但就在那天早上，我感到如释重负。从那以后，我们的生活变得十分美好。我在家里享受了悠闲的夜晚，而且不再烦躁和焦虑。我更快乐了。"

泰勒："我也是。"

幸福伴侣如何告诉对方自己想要什么？

我采访了一对伴侣，戴维和安娜，他们在一起10年了，有着一段美好的关系。对于要求对方改变这个问题，戴维经过慎重思考后得出了一个观点：

在我看来，人有三种行为。第一种是表面的、琐碎的行为，比如关上浴室门或吃饭时闭嘴咀嚼，这些都是很容易改变的行为，我们也很乐意为彼此做出改变。我们只需要告诉对方，当然，如果这种行为已经成为一种习惯，也许需要多说几次，另一半就会乐意地做出改变。这没什么大不了。

第二种是可能需要对方做出一定努力才能改变的行为，但这种行为是可以改变的。例如：我常常会心不在焉；我可能会几个小时都沉浸在工作中，以至于忘了打电话给安娜，而她可能在家等我回去吃晚餐。我必须学会打电话给安娜，并让她知道我的情况。有几次，我看到她因为没有接到我的电话而非常沮丧。于是我开始改变。这对我来说仍然需要一定的努力，但至少我再也不会不打电话给她了。我努力记得打电话给她，因为我知道这对安娜来说意义重大。我觉得她这样要求我也是合情合理的。

第三种行为也是最后一种行为，即那些已经根深蒂固地融入个性中的行为模式，你不能对成功改变这种行为抱有期望。例如，我不能改变自己的心不在焉。这有时可能会给安娜带来不便，但她接受了。我无法改变自己本来的样子。我认为区分这三种行为非常重要。

常识告诉我们，永远不要指望你的伴侣做出改变。但我一直认为，这在某些情况下是正确的，其他情况则不然。要求伴侣改变性格是不合理的，更是徒劳的。但如果伴侣能够做出你想要的改变，并且如果这种改变会对你产生巨大影响，那就尽管提出要求吧！虽然你的要求可能需要伴侣付出极大的努力，但最终你们可能都会从中受益。

不论你是要求伴侣打扫走廊、和你共度更多高质量的亲密时光，还是要求伴侣成为一个更体贴的人，以下这些简单的指导和原则都会帮助你们取得成功：

1. 弄清你的具体要求。有时这是最难的一步。如果你只是隐隐约约地感觉某些事情不对劲或是感到不开心或不满意，你可以通过以下几个途径确定自己到底想要什么。例如，和朋友交谈，看看自己是否能够清楚表达自己的想法。或和伴侣交谈，如果交谈的对象是伴侣，那就尽可能让对话不要给伴侣造成任何压力。你可以问："你愿意和我聊聊吗？我不想要求什么，只是想看看是否能够弄清这件事。"

一个至关重要的原则是，如果你对某件事有情绪，那就把它说出来吧。如果你被一件事深深地困扰，觉得愤怒或情绪激动，那就提出来讨论吧。你不一定要提前确定自己的具体要求，因为你无法提前知道讨论的结果，而这就更加说明了讨论的必要性。一般来说，最能激发你的强烈情感的事情最难开口。这些事让你变得脆弱，失去控制，你会担心因此而引发争吵。因此，当你谈到这些事时，你会淡化或暂时忽略它们的重要性。

凯瑟琳强烈拒绝让马克斯为她的晚餐买单就是一个例子。她的这种情绪已经持续了好几个月。但她总是说服自己什么都不要说。她告诉我：

> 我一直都不想破坏我们之间的美好时光。我担心马克斯会生气，会觉得受伤、受到冒犯或指责，我因此说服自己这个想法很愚蠢。我

知道最终是什么“推波助澜”，让我有勇气提出自己的想法：是我和朋友们的交谈。我们的谈话让我看清了这个问题，让我有机会看到我确实对此抱有情绪，但不愿提出来，因为我不知道会发生什么。

如果你没有勇气提出并讨论问题，你就永远无法理清和解决问题。如果你有勇气提出来，你就能理清问题。幸福伴侣会和另一半谈论困扰自己的事情。如果某件事令他们情绪激动，他们就会谈论这件事。

2. 为你的请求做铺垫。在开始之前，先告诉伴侣你不是在指责他 / 她，你只是在说明自己的个人喜好。

我们都倾向于把请求当作指责。例如，伴侣中的一方可能会说：“我真的很想在 6 点吃晚餐，而不是 7 点或是 7 点半。可以吗？”但是伴侣中的另一方听到的可能是：“你晚餐做迟了，你不会安排。”大多数人都很容易产生戒备心，但在那些不是特别敏感的话题上，如果有机会的话，大多数人都能缓和甚至完全放下自己的戒备心。一方可以先做铺垫，说：“我有一个请求，但请理解，我并不是在责备你。这只是一个请求。你愿意以后在 6 点而不是 7 点吃饭吗？”

察觉对方的戒备心后，我们通常就能解除它。解除对方的戒备心可以在讨论期间的任何阶段进行，不仅仅是在一开始。如果你说的话让伴侣产生戒备心，你可以说：“等等，我真的不想让你对我产生戒备心，我很抱歉我说出了这种话。我们聊聊吧。”这样，你就给了伴侣一个转变态度的机会。同样地，如果你发现自己开始产生戒备心，最有效的方式是告诉伴侣：“我对你有戒备心。”这会让伴侣知道，你因为他 / 她说的话觉得受到责备。这样就能从一开始就杜绝争吵或拌嘴的可能，而且也让你有机会解除戒备心，可以毫无戒心地向伴侣敞开心扉。

告诉伴侣你无意让他/她产生戒备心或承认自己有戒备心，这是做出铺垫、杜绝消极沟通和开始积极互动的有效方法。

3. 在恰当的时间提出要求。尽量不要在伴侣感到疲倦、焦虑或心情不好时提出要求。如果你提出的是重要的请求，那就安排一个你们不会被打扰并且有充分时间谈清楚的时机。

4. 要求要具体。如果你因为洗碗机里的盘子没有被拿出来感到恼火，不要对伴侣说："我希望你能在厨房里帮帮忙。"而是说："你能在早上把洗碗机里的盘子拿出来吗？"不要对伴侣说："我希望你更加深情。"而是说："我希望我每天早上出门工作前我们都能拥抱一下。"

在上面的例子中，凯瑟琳没有要求对方更尊重她，而是要求对方允许自己买单。汉娜并没有要求马蒂在性爱上更专心，而是希望他做出具体行动。泰勒要求帕齐不要那么忙碌，要多待在家里，但在一开始却没有任何进展。他必须明确地向她说明他要求她放弃什么。（实际上，泰勒没必要帮助帕齐找到解决方案，其实他说"我希望你同意每周有三天晚上都待在家里"，就足够具体了。）

5. 保持简洁。不要美化你的要求，不要列出一系列理由来说明为什么你认为这是一个很好的要求，因为这不能打动对方，而且没有效果。例如，不要说："亲爱的，我今天早上必须去购物和支付账单，我昨晚熬到很晚。你接下来一个小时就不要出去了吧，我希望得到你的帮助。我的意思是，也许你可以把洗碗机里的盘子拿出来或者做点儿其他事情？"

6. 用开放的、非强硬的方式提出要求。明白你的伴侣有权拒绝你的要求。如果你提出的要求合理但得到了否定的答复，那么也许是时候去倾听对方了。也许出于某种原因，伴侣并不觉得你的要求合理。在你争辩之前先弄清楚。

“你愿意……”这个短语非常有用，它巧妙地传达出你明白你的伴侣可能出于某种原因不愿意做这件事，你也可以理解。这让你可以用一种不强硬的方式提出要求。例如：“你明天早上愿意送小孩去上学吗？”“你愿意在回家的路上买些牛奶吗？”

7. 如果某种方式行不通，就尝试用新的方式提出要求。提出要求和把自己的要求实际传达给伴侣是有区别的。伴侣过去的经历、参照标准以及他/她自身的需求可能与你的截然不同，因此他/她其实可能并没有意识到你的需求。

如果你因为自己的要求没有得到回应感到沮丧，试着采用本章末尾提到的某种“技能”再次传达自己的要求，或者试着用完全不同的语言表达，解释你想要的东西为什么对你来说很重要。耐心点儿，有时候成功的沟通需要分步实现。

当我询问幸福伴侣想从对方身上得到什么时，他们都想不出来，或者提到了他们两个人都非常熟悉的老问题。比如“我希望他花钱更大方点儿”，或者“我希望她更干练点儿”。大多数情况下，这些伴侣一直知道彼此想要什么，他们真的想取悦对方，所以他们很容易开口告诉对方自己想要什么。

但正如伊丽莎白和温德尔告诉我的那样，情况并非总是这样：

伊丽莎白：“我们和我们这一代人一样都在学习。一开始，我们的婚姻非常传统。我负责在家照顾孩子。当我回到法学院读书时，我不得不总是征求温德尔的意见。过了一段时间我们才意识到，我们不必总是扮演传统的妻子和丈夫角色。这些变化让我们渡过了一段艰难的时期。但我们一起改变了，这让我们感到非常庆幸。……经过多年的实践，我们已经学会了如何询问对方想要什么。”

在要求伴侣做出改变和接受伴侣身上永远不可能改变的品质之间，幸福伴侣取得了平衡。

实验 21　你希望从伴侣那里得到什么

1. 写一个愿望清单，列出你希望从伴侣那里得到的东西。

2. 在清单中选出一项内容，并按照上述指导原则告诉伴侣你想要什么。

3. 和伴侣一起对你提出请求的方式做出评价。下次你会采用什么不同的方式来表达请求吗？

肯定他人

幸福伴侣会定期且长期在对话中肯定对方，他们乐于表达对彼此的爱和欣赏。在访谈中，我经常听到这样的评论：

我觉得我们两个人每天都会对彼此说“我爱你”。

我们制订了这样一条规则，当一个人说“我爱你”时，另一个人不能回答“我也爱你”，只需要默默地接受，然后在其他时刻表达自己的爱意。但“我爱你”有各种各样的表达形式，比如“你真的很特别”或“能和你在一起，我真的很幸运”。

我们经常向对方使眼色。我喜欢这样。我们会在一些意想不到的时刻这样做，比如在餐桌前吃早餐时、在晚宴上、在杂货店时。当我抬起头时，我会看到伴侣朝我眨眨眼睛，微微一笑。11 年过去了，我还是会因此心花怒放。

每个人都需要得到肯定、夸奖、赞扬、感谢和认可。据一篇关于伴侣的研究确切地表明，男性和女性都认为肯定和热情比浪漫和激情重要得多。

如果你发现自己很少肯定他人，那么可能是出于以下这些常见的原因：

- 你只是忘记了。你太专注于自我，因此没有注意到伴侣打扮得特别好看或把事情做得非常好的时刻。你没有养成肯定他人的习惯，因此从来没想过。
- 你担心伴侣会厌倦于反复听到一样的意见。
- 你想当然地认为伴侣知道你对他 / 她的爱和欣赏。
- 你担心你的赞美或感谢听起来会很卑微，或者让你成为弱势的一方。例如：“你总是这样有条不紊。”（暗示着：我希望自己也能这样有条不紊。）

和我交谈过的所有幸福伴侣几乎都会用不同的方式定期并长期的相互肯定。幸福伴侣之间是这样理解相互肯定的：“我们的关系罕见且珍贵，因此必须精心地照料。这就像美丽的植物一样，如果给它水、阳光和肥料，它就会茁壮成长。如果忽视它，它就会枯萎。”

幸福伴侣认为能够和彼此在一起十分幸运，他们的整段关系都是在他们感到幸福的背景下发生的。持续的赞赏和肯定更多的是幸福关系的结果而非原因。

另一方面，赞赏几乎可以对任何关系产生非凡的影响。请听玛格丽特的故事：

当时，我和罗斯的关系正处于低谷期。他在事业上遇到了很大的挫折。他真的想走出去，但找不到出路。有3年时间，他都处于抑郁的状态。他的心不在我身上。我记得有一次假期快结束时，我对他说：“我觉得我好像是一个人来旅行的。”我对他付出了很多，因此觉得很灰心。

有天晚上，我们在浴缸里泡澡。他的腿上有一块很大的伤疤，我心想，这块伤疤真丑啊，甚至有点儿恶心。突然之间我清醒了。我总是看到每件事消极的一面，而不是积极的一面。我必须改变自己！随后，我对他说：“罗斯，你是个好父亲。你和孩子们一起做了很多事，我很喜欢这样。”他抬头看着我，笑了笑。我才意识到，我可能也是一个让生活扫兴的人！我开始在各种各样的事情上赞赏他，每天都告诉他我爱他。这些话我之前几乎从来没有说过，这是一个重大转变的开始。我感觉好多了，因为我想起了他身上所有我爱的品质，而他也更加关注我了。一个月之内，他找到了分割和出售公司的办法，而我们也找到了最初相遇的美丽、温馨和浪漫。这是一个彻底的转变。

肯定他人不仅意味着对他们的夸赞，也意味着思考对方的感受，记得对方关心的事情，充分关注他 / 她。如果你赞美一个女人的外表，在某种程度上，你是在认可她花费精力挑选衣服、找到搭配的耳环、娴熟地化妆的整个过程。假设你的朋友刚刚发表了演讲，你知道她为了这个演讲投入了许多心血，并且非常希望你和其他观众都能喜欢这个演讲。所以等她下台后你就会告诉她，她的演讲条理清晰，笑话真的很有趣，演讲风格很流畅。并且你还会提到从其他人那里听到的评论："我刚刚听到一位女士说'她都能取代喜剧演员了！'"你知道准备和发表演讲的感受，而你的肯定反映出你的同理心。

你的伴侣每天都值得这样的关注。

如果一位女性为一个美好的夜晚盛装打扮，或者她刚刚发表了演讲，那么很明显，她需要他人的肯定。但那些擅长肯定他人的人意识到，人们也喜欢在各种日常生活情境中得到肯定。比如："你把厨房打扫得很干净。""南希失业后，你一直帮助她。""你总是能和家人保持联系，我很欣赏你这一点。"

最真挚的称赞是说话者真正发自内心的喜悦的表达。当你对伴侣说"你今晚看起来真的很美"时，如果你是出自真心，你的感受是"今晚的你令人赏心悦目。我真幸运"。如果你对自己的评价感到满意，那么你的伴侣会觉得受到了最大的称赞。当迈耶看着我并问别人"她看起来真的很美，不是吗？"我知道他正在欣赏我，而不只是在塑造一个好丈夫的形象。

我们当中有许多人很少对他人做出肯定，需要别人提醒才知道肯定的重要性，并且需要别人教导才知道如何肯定他人。一个原因是，我们往往太过以自我为中心，我们把注意力都放在了自己身上。当两个人相爱时，他们会关注彼此。在一起多年的幸福伴侣拥有的一大品质就是给予了彼此很多关注。

肯定他人实际上是关注这个人，所以肯定他人的另一个重要方法是提到细节。你不应该说："这是一个好演讲。"而是应该说："你看起来很放松，关于小男孩的笑话恰到好处，我非常喜欢你的结尾。"具体说明你欣赏的细节。

肯定他人的最佳方式之一是问对方一些问题，暗示你记得对方生活中经历的事情。销售人员会接受记下顾客信息的岗位培训。这样，当他们一个月后再次见到这位顾客时，他们就可以问："您儿子的科学展示项目做得怎么样了？"或者"您和主管的谈话进行得怎么样了？"记住朋友和恋人的话并向他们提问非常重要。一天结束后，当你看到伴侣时，你应该先就当天发生的某件事情向他/她提问，除非你这天遇到了一件非常值得一提的事情，迫不及待地想要分享。这种简单的贴心举止对伴侣来说也会是一件美妙的礼物。

另一种肯定或支持爱人的神奇方法是说出你爱他/她的原因。

我曾经问过一个和我约会的男人为什么喜欢我。这个问题让他有点儿措手不及，似乎他从来没想过一样。他当时没说太多，但几个星期后，我收到了一束鲜花和一张漂亮的手工卡片。卡片里面是一长串用不同颜色的钢笔写的长句："我喜欢你，因为你闪闪发光；我喜欢你，因为你很善良；我喜欢你，因为你会因为我的笑话发笑；我喜欢你，因为……还有很多很多理由。"这是我收到的最好的礼物之一。

最近和我交谈过的一位单身多年的女士，近来和前男友复合了。他们在一起度过了美好的时光，但她仍然心存疑虑。她向我吐露心扉："我不知道他对我是什么感觉。”如果他能告诉她，不是更好吗？

实验 22　试试每天赞美你的伴侣一次

1. 在接下来两周里，每天都针对伴侣身上具体的优点赞美对方一次。两周结束后，不要忘记你已经养成的习惯。

2. 给伴侣写一封情书，就像我的朋友写给我的那封一样。列出你能想到的爱他 / 她的所有理由。

每个人都会因为受到肯定而感到快乐。但女性和男性喜欢的肯定不同。女性喜欢长期的肯定。每一个小小的肯定对她们来说都很重要。对女性来说，简单而不经意的一句“你今晚真美”和在丈夫看来更重要的举动（比如送花、给她一个惊喜等）一样重要。如果男性认为说“我爱你”在肯定评估表上能打 1 分，买花回家能打 100 分，那么女性很可能认为这两个举动都是 100 分，因为细微而不经意的贴心举动或言语对女性来说意义重大。**女性更重视关系，而男性更重视成就。因此女性希望自己得到肯定，而男性希望自己的行为得到肯定。**

这个信息非常重要，因为你最好给对方最想获得的那种肯定，而不是你自己想要获得的那种肯定。

一句简单表达爱意的话就能让女性的一天都变得明媚，但男性往往误会了女性的这种品质。男性经常忽略了关键的一点：女性喜欢听到赞美和欣赏的话语，不是因为害怕你不再爱她，不是因为对自己的外貌没有信心，不是因为忧心你对她们的感觉；而是她们希望得到肯定，因为肯定能给她们带来快乐。女性不仅希望建立联系，而且希望感受到她与你之间的联系。赞美给了她巨大的快乐，让她知道你不仅爱她，而且能够意识到自己对她的爱，思考过自己对她的爱，这种爱能给你带来快乐。

当你口头上赞赏一位男士的为人和他为你做的事情时，他会感到振奋。

最后，对每个人来说，被肯定都是非常重要的，任何赞美都会产生意想不到的效果。一个没有得到任何关注的人可能会选择挑起争吵来引起注意，因为负面关注也总比没有好。幸福伴侣经常以各种方式发自内心地互相肯定。如果能学习运用我们谈到的这五种基本沟通技能，任何伴侣——不论是幸福伴侣还是渴望幸福的伴侣，都能在关系中取得惊人的进步：

- 做出关于“我”的陈述，而不是关于“你”的陈述，特别是在情绪激动时。
- 放下戒备心倾听对方，用心理解对方的观点。
- 理解并接受男性和女性之间的差异。
- 告诉对方你想要什么。
- 定期并长期彼此肯定。

如果你充分运用这些技能，你就会养成习惯。但重要的是，你必须认识到，在尤其需要这些技能的重压情况下，你往往倾向于故态复萌。沟通技能总是需要特别的注意力和深思熟虑。虽然你可能懂得很多，但你也非常容易以自我为中心，忘记肯定伴侣；容易压抑自己真正的欲望来默许伴侣的行为，而不是站出来告诉对方你想要什么；变得容易产生戒备心。

例如，我的丈夫迈耶前几天打电话告诉朋友，他没办法参加他们事先计划好的周末购买古董之旅。这位朋友显然非常失望。我听到迈耶为自己辩护："我也没有办法。这些亲戚没打招呼就来了。我真的很喜欢他们，平常很少有机会见到他们。我当时以为自己能去参加我们的周末活动的。"他忘了站在朋友的角度看待问题。我迅速写了一个小纸条递给他："要换位思考。"有了这个小小的提醒，迈耶知道不能为自己辩护，而是要站在朋友的立场上。他说："我知道你很失望。要是你觉得生气，我也能理解。换作是我，我也会很沮丧。真的很抱歉，希望你能原谅我。"我猜到电话那一端的人接受了这种情况，心情也变明朗了。

但即使是已经接受过我指导的迈耶，当他处于一个艰难的处境并产生戒备心时，他也需要他人的提醒才会记得这些沟通技能。

好的沟通技能不该只留到特殊情况才使用，它们可以在各种时间和场合中使用。在你平凡的日常生活中，你可以记得给伴侣一个吻。在倾听他人时，你可以简单地说一句："你一定很生气吧。"良好的沟通技能在解决冲突时尤其重要。不过，它们其实在任何时刻都十分重要，它们是一段幸福关系的日常组成部分。

解决冲突和增进亲密感的沟通技巧

学习了基本的沟通技能后，我们可以来看看一些具体的沟通技巧。沟通技能和沟通技巧之间的区别在于，理想情况下，我们应该一直运用沟通技能。我们每天都在说话和倾听，我们可以选择采用一种娴熟、有效、增进关系的方式进行，或者采用拙劣、无效、破坏关系的方式进行。如果我们想要快乐、满意的关系，我们别无选择，只能学习和运用良好的沟通技能。

沟通技巧就像商业上所谓的“附加值”，它们通常只在大多数伴侣不经常进行的特殊活动场合中才会用到。关系，或者说大多数关系，没有这种沟通活动也能继续下去，甚至获得幸福。但如果伴侣能在关系中定期运用这些技巧，它们就能为关系带来不可估量的影响。我认为，一辈子都没有尝试过至少一项这种特殊沟通活动的话，就像把 100 万元放在梳妆台抽屉里原封不动一样，简直是一种浪费。

这些技巧可以在以下场合中派上大用场：

- 你试图让伴侣理解一些事情，但你觉得对方没有理解你真正的意思。
- 你们两个人有分歧。
- 你们中的一个人觉得有必要谈一谈某件事。
- 你对这段关系中的某些方面不满意，想和伴侣聊聊。
- 你很高兴你们相处得很好，但想要体验并加深亲密关系。
- 你想寻找一种愉快而新颖的方式来共度时光。

情感论坛

举办情感论坛是我教给每一对伴侣的第一个技巧。因为它能够帮助他们练习前三种沟通技能（做出关于“我”的陈述、分享者 / 解决者原则和倾听）；它能培养亲密感。情感论坛是关于情感的讨论，通常是交流对某一特定事件的感受。我强烈鼓励伴侣连续一个月每天都举办一次情感论坛，这样他们就能熟悉这种方式，并且可以在真正需要时运用。情感论坛这种贴心的方式让伴侣可以随时共度几分钟的时光，也是解决任何冲突的第一步。它可以在 10 分钟内完成，也可以持续 30 分钟。

步骤 1: 选择一件需要关注的事件或一种需要持续关注的感觉。

步骤 2: 在 5 分钟内（如果需要的话可以花费更多时间），两个人都写下自己对这个话题的感受，用信件的形式写给对方。

步骤 3: 现在，坐得近一点儿，触碰并凝视对方，一方对另一方大声地读出自己的信。

步骤 4: 倾听的一方用自己的话复述伴侣在信件中想表达的意思。然后，读信的一方判断伴侣是否充分准确理解了自己的感受，如果没有，再次用语言表达自己的感受。再然后，倾听的一方再次复述自己听到的话，直到写信的一方觉得自己得到了充分的理解。

步骤 5: 倾听的一方表达自己对这封信的感受。

情感论坛的一个关键原则是，它只用于情感交流，无关任何形式的问题解决或决策。这是你们两人分享、理解和回应彼此情感的机会。有时这种情感可能是感激或爱。（例如："轮到我送孩子上学时，你主动提出要开车送他们，我非常感动。你看得出来我当时很疲倦，我感受得到你的爱和照顾。"）有时这种情感可能是被伤害或被忽视。（例如："当你忘记在办公室聚会上向大家介绍我时，我觉得很尴尬，感觉自己格格不入。我受伤了。"）

你可以引用类似的情况来表达伴侣可能难以理解的感受。例如："你记得吗？你之前做了那么多工作，而老板却忘了在答谢会上提到你，你当时有什么感受？这就是我对这件事的感受。"或者："我觉得自己好像回到了高中时代，发现别人没请我去参加派对。"

当你们双方都表达并理解了这种感受或这件事后，用一个吻结束你们的情感论坛。

在你们完成了一个月的情感论坛后，改成每周举办一次。你可以随时邀请伴侣和你一起进行。你会发现，在某些场合下，这种快速的讨论可以派上大用场。有时你可以跳过写信的部分。

情感论坛旨在让你有机会用许多伴侣从未使用过的方式谈论自己的感受，这是一项最亲密的活动。定期举办情感论坛的伴侣，或者甚至那些只是在有需要或有意愿时才举办情感论坛的伴侣，都表示这项活动让他们感到彼此前所未有地亲近。

不要跳过这项沟通技巧。试试吧！许多伴侣告诉我，情感论坛在他们的生活中扮演了重要的角色。

多说点儿

当伴侣中的一方想要谈论某件事，通常是让他/她心烦意乱的事情时，另一方只需要简单地回应道“多说点儿”，就是最贴心和最有帮助的回应。这句话传达了很多信息，它表达出：“我正全心全意地陪在你身边，倾听着你，关心你。现在我并不打算给你提供解决方案或尝试解决问题，我只是希望你有机会说出心里的一切。”正如我之前提到的那样，这句话其实是“建立关系”或“感受”对话的一个简单有效的公式。

解决问题和做出决策的方法

当你需要做出重大决策或解决问题时，采用接下来这个办法可以帮助你节省时间，减少痛苦，让你在焦虑时也能进行积极的情感互动，甚至还能够确保你取得最好的结果。

我和迈耶经常使用这个方法并取得了积极成果，有时它突出了我们忽略的一些因素。不止一次在我们觉得自己已经做出决定后，我们还是会使用这个方法，并在系统的评估后最终改变了自己的想法：

步骤 1：用陈述句或问句的形式一起写下当前的困境或冲突，确保双方都同意这是对实际问题的准确描述。

步骤 2：一起列出尽可能多的解决方案或接下来可能发生的情况。当你认为自己已经列出了所有可能的方案或情况后，强迫自己再想出两个，这可能会激发你最大的创造力。

步骤 3：双方分别以理性或非理性的方式说出自己对整件事的看法。不要评判或评价对方的情绪，只要倾听并反映彼此的感受，直到双方都觉得自己得到倾听和理解。

步骤 4：双方分别在纸上列出关于这个困境自己能想到的所有利弊，或这个问题所有的潜在解决方案，然后对比双方的清单。这只是一个让你们理顺想法的工具，不是记分卡。有时，某个优点非常重要，可以抵过十个缺点。但这个工具可以让你们看到彼此面临的问题。

步骤 5：如果可能的话，请至少等待 24 小时再继续进行下一个步骤。

步骤 6：双方都说出自己想要的结果，或者，如果你们还摇摆不定的话，讨论你们的矛盾心理。然后开始讨论可能的妥协方法和解决方案，直到达成共识。（共识意味着双方都愿意接受最终的结果，即使那不是他们自己选择的结果。）你可以随时回到以上任意一个步骤。

梦想板

在一个慵懒的星期六，拿出一些旧杂志和一块大纸板或白板，和伴侣一起剪下一些字词、短语和图片贴到纸板上，制成一幅显示自己和家人梦想和目标的拼贴画。大多激励型教师都认为，那些写下或在脑海中描绘具体目标的人，会比没有明确目标或有明确目标但没有清晰表达的人更快实现目标。

实验 23　选择适合你们的沟通技巧

从上述沟通技巧中选出你认为最有吸引力的一个，和伴侣一起安排一个时间来试着运用这项沟通技巧。享受这个过程吧。

开始运用增进关系的沟通技能后，你会发现它们给你带来了巨大的快乐。正如教练适当的指导可以改变你在网球比赛中的表现一样，良好的沟通技能可以彻底改变你的关系。你将在婚姻中获得更多你想要的结果。你们可能会变成比想象中更亲密和相爱的朋友。如果你们还不是幸福伴侣，那么成为幸福伴侣最直接的途径就是，开始运用增进关系的有效沟通技能，并尽情体验它给你们的关系所带来的乐趣。

第八章

营造亲密感

最近我参加了朋友在家举办的一次私人聚会。当一位女士穿过房间时，她意外地撞到了自己的丈夫。他抓住她，将她抱在怀里，对她发动亲吻攻势。这位女士的父亲碰巧也参加了这次聚会，他开玩笑地说："嘿，那可是我的女儿！"她的丈夫说："这可是我的妻子！别担心，我会照顾好她的！"每个人都在傻笑——他们两个人陶醉于这充满爱意和玩笑的一刻。

晚上聚会快结束时，我和这对伴侣找到了一个隐秘的角落。这位女士谈到了自己给儿子喂奶时涌现的一种感觉，一种强烈的爱和责任意识。当她回忆起这件事时，她还谈到自己对父母的感激之情，她的眼中噙满了泪水。

这两个场景是幸福伴侣日常生活中常见的亲密时刻。他们彼此之间的亲密感就像一直环绕四周的光芒，成为他们生活舞台上的背景灯光。亲密感贯穿着幸福伴侣的生活，它会影响他们整体的生活质量，以及他们所做的一切。

在本章中，我们首先会介绍目前的亲密风格是怎样的，然后我们会定义亲密感，并审视亲密感和自爱及自我表露的紧密联系。我们将观察幸福伴侣的亲密感、亲密感“神圣”的一面以及亲密感与个人自由的联系。

精神伴侣关系

和“灵魂伴侣”终身相伴对人类来说仍然是一个新颖的概念。

在历史中的大部分时期，以及在许多文化里，婚姻是一个家庭问题。如果伴侣不是由家庭中的长辈选择的，那么两人的结合至少也需要征得长辈的同意。婚姻本身就是在大家庭的背景下产生的。结婚有时候是为了生孩子和在社会中找到自己的一席之地，而不是因为亲密感。

后来，因为种种原因，许多年轻伴侣开始搬离父母和亲戚。但就算这样，亲密感也没有成为他们重点关注的问题。

我采访过的一位女士向我展示了一封不同寻常的信件。十多年前，她因为和丈夫之间并不亲密的关系，正准备提起离婚请求。离婚之前，她收到了一封公公婆婆写的信，他们当时非常喜欢她。他们在信中恳求她重新考虑，因为在他们看来，不够亲密是一个微不足道的小问题，不至于离婚。他们或许代表了那一代人的典型观点：

> 你们非常般配，有很多共同的兴趣爱好。你们相处得很好。亲密感有这么重要吗？我们的婚姻很美好，但我们从来没有特别亲密。婚

姻是一种伴侣关系，夫妻是住在一起的伙伴。亲密感不是成功婚姻的必要因素。我甚至不确定你说的亲密感是什么。我知道你们是很好的朋友，这难道还不够亲密吗？

如今，人们对于亲密感的态度发生了巨大的转变。我们对婚姻有了一种全新的观念。现在我们想要的婚姻是一段平等、浪漫、充满激情、高度亲密并且能够持续终生的伴侣关系。我们希望彼此能成为多年的恋人、朋友、伙伴。

当代女权主义运动比任何其他社会变革更能让我们对亲密感有全新的体验，因为真正的亲密感只有在平等关系中才有可能。虽然在社会层面上，两性平等仍然任重而道远，但许多伴侣已经在自己的关系中实现了这一目标。

这是我们有史以来第一次试着把亲密感和承诺结合起来。

许多婚姻不会长久，这也不足为奇。从社会角度来看，这种新式亲密关系是一种实验，我们是创新者。随着伴侣治疗师在这片广阔的新领域不断地探索，新的理论也在不断涌现，帮助陷入困境的伴侣在这片崭新的土地上找到出路。

我们正在开创一种新式亲密关系，因为我们渴望它。我们看到这种亲密婚姻是可能的，所以我们渴望全心全意的关系，这种关系让我们能够实现人类在心理、情感和精神层面上的潜能，并且是和同一个人在一生中一起深入探索这些层面。但重要的是，我们必须认识到，这种关系仍然处于探索阶段，而新地图仍在绘制当中。

我们这个时代的新式亲密婚姻的另一个特点是可选择性。过去，婚姻是一种预期的生活选择，选择不结婚的人被看作有违常规。但现在，亲密婚姻只是众多生活方式的选择之一，独立生活已经渐渐被人们接受，一个人结婚的唯一原因只会是他 / 她真的想结婚。

在一段平等的伴侣关系中纳入亲密、激情和浪漫，并承诺一生都这样做，至少对某些人来说，是一种令人振奋的想法。如果我们能正确引导，这种新式亲密关系模式将释放出巨大的潜力，它会为个人的精神成长提供重要的机会，并给予人极大的满足和愉悦感——虽然仅限于那些自愿选择这种模式的人。

作为众多生活方式的一种选择，新式亲密关系的出现让我们对两个人之间的关系的可能性有了更深的认识。如果不是每个人都必须步入婚姻的话，那些选择结婚的人就不会认为婚姻只需符合社会规范的最低标准即可，他们可以选择把自己对婚姻的要求设得很高。

什么是亲密感

我们都有过亲密的时刻：在沙滩上散步、烛光晚餐、一起在床上看书、说完对方想说的话、在整份菜单中选到一样的菜、在紧张的一天结束后进行足部按摩等。当我要求幸福伴侣形容亲密感时，他们提到了关心、分享、安慰、触摸和成为彼此最好的朋友。

这些品质都源于亲密关系，但亲密关系的本质，是自我表露。亲密是一个褪去公开的外在自我，和另一个人分享内心世界的过程。

如果你向一个人隐瞒重大秘密，你们可能会有愉快的性爱，或一个一起度过的舒适的周日下午，但你们不会亲密。你和一个人分享的内在感受越多，你们就会变得越亲密。

每个人都有两个自我：外在自我和内在自我。外在自我是你向全世界呈现的自我，包括你的个性、外表以及与大多数人进行互动的自我。外在自我有各种各样的形式：你向老板或演讲的观众呈现的自我和向父母呈现的自我有很大的区别，而你向父母呈现的自我和向最好的朋友或爱人呈现的自我也存在差异。

然后是你的内在自我，它处于表面之下非常隐秘的地带里，包括不为人知的骄傲和喜悦、私密的愉悦感、幻想和梦想。内心的深处有最令你不快和你最难面对的部分：不完美的养育和成长过程带来的创伤、对过去追悔莫及的遗憾、自卑、自我怀疑甚至自我厌恶、不安全感和恐惧。这个地方被心理治疗师称为“蛇穴”，我们大多数人不经常触碰这个隐秘的地带。我们极力地拒绝触碰这个地方，这是可以理解的，因为在那里的所见会让人恐惧和痛苦。

但如果你不了解自己所有的部分，也就无法爱自己的全部，无法敞开整个自我。

自爱的人之所以自爱，不是因为他们天生就是美好的人才很容易自爱。自爱的人和我们其他人一样，都有恐惧和厌恶自我的情绪。他们自爱而自信，因为他们一直都愿意反复审视自己隐秘的内心地带，从而熟悉自我。这些审视通常令他们非常痛苦，但他们宁愿直面并克服内心的“恶魔”，也不愿因为自己没有勇气面对而永远活在对“恶魔”的恐惧中。渐渐地，自爱的人会发现他们在“蛇穴”的所见并没有那么可怕，他们甚至可以原谅和接受那些看似非常可怕的事物。爱自己喜欢的那部分自我很容易，但真正自爱的人能够努力地接受和爱自己曾经厌恶的那部分自我。

再说一遍，如果你不了解自己的全部，你就无法爱自己的全部，你只能爱自己看到和知道的那些部分。所以如果你喜欢外在自我——你的个性、成就、外表、表现——那么这只是部分的自爱。这意味着你必须花费精力抗拒自己的“蛇穴”，找到方法掩饰它，假装它不存在或逃避它，却无法把这些花费在抗拒上的精力用于爱自己或其他人。

最终，如果你不爱自己的全部，你就永远不会相信别人会爱你，也不会想让任何人和你太过亲密，看到你全部的自我。

自爱是建立亲密关系的先决条件，矛盾的是，亲密关系是实现自爱的主要途径——亲密关系让你可以看到给你带来麻烦并让你变得自卑的部分。因此你必须双管齐下，你可以通过和不同人的互动解决这两个问题。例如，我可以和女性朋友、心理治疗小组成员、心理治疗师变得亲近，向他们表露自我。然后学会自爱，同时也让一位男士走入我的内心世界，他的爱也会帮助我接受更完整的自我。

了解“蛇穴”，让你开始摆脱对它的厌恶，学会拥抱和接受它的唯一方法——和一个人慢慢地、循序渐进地分享它。

是的，这很难。这可能是你做过的最艰难的事情，它无法在短时间内实现，这需要时间和信任。但挑战有多大，奖赏就有多丰厚。向你爱的和信任的人吐露自己最羞愧的秘密，并感受对方对于这一切的不在乎，完全接受你和爱你，宇宙中没有什么比这更快乐的事了。这个人的爱可以帮助你克服羞耻感，接受真实的自我而不是幻想中的自我，不是伪装的自我，不是精心雕琢后呈现给世界的自我。

这就是亲密感，它意味着真实面对彼此。自爱和亲密感是密不可分的：

没有亲密感，你就无法了解完整的自我，所以你只能爱自己的一部分。然而，当你变得更自爱，你就会更渴望和另一个人分享自我；当你鼓起勇气敞开心扉，你就会和对方变得更亲密，也会更自爱——你也会因此拥有更大的勇气进一步敞开自我。

对自爱的思考

没有人是完全自爱的。在与我交谈过的伴侣中，我听到了许多关于自我怀疑和没有安全感的故事。但当我和这些幸福伴侣分享了以下的思考后，他们都热情地做出回应，把它当作一个表达自我的声明，并努力实现。

如果我完全了解自己并接受我所知道的一切，那么当你靠近我时，我就不会害怕你会发现什么。你可能会发现一些你不喜欢的地方，我自然也有一些自己也不喜欢的地方，但这些不会吓倒我。我接受它们，这就是我本来的面目。也许在你的帮助下，我可以改变其中一些弱点。但我并不害怕自己的弱点，因为我已经学会了接受它们，请你也接受它们。我知道我正在尽己所能，这就是我对自己的要求。

如果我了解自己和爱自己，那么我就不会为了取悦你而改变自己。我想和一个真正爱我的人在一起。

如果我内心强大并相信自己，那么我就不需要向别人证明自己的价值。我不需要将自己的价值建立在超越或支配他人的基础之上。

如果我了解并且爱自己，我就不必害怕失去控制。我相信我不会背叛自己，所以我可以放松，可以完全敞开自我。

如果我了解和接受自己，那么我对自己的爱不会允许我把自己完全交给你，我的自尊心不允许这种事发生。我会爱你，但我仍需保持我的独立。

我可以照顾好自己。

如果我了解和接受自己，那么我的权力感就与他人的成功或他人的认可无关。我有能力在自己的生活中做出选择，我的自爱给了我力量。

自我表露

亲密关系需要沟通，而亲密沟通中最重要的部分可能不是语言交流，而是眼泪、拥抱、眼神交流、抽泣、尖叫或沉默。但这所有的一切都必须通过某种形式的语言交流来表现，通过向另一个人展示你的内心或你的“蛇穴”来实现。

既然亲密关系的关键实际上是自我表露，我们将花一些时间来关注自我表露，进一步认识它如何在亲密关系中发挥作用。为了确定我们涵盖了所有自我表露的类型，并了解每种类型是如何发挥作用以增进亲密感，我们先在矩阵中列出所有可能的情况。我们可以对过去、现在、未来的事件、想法和感受进行自我表露，矩阵如下所示：

	过去	当下	未来
想法和事件	A	B	C
感受	D	E	F

一些伴侣会花很多时间进行某些特定类型的对话，但忽略了其他类型，而幸福伴侣会在这六种类型的对话上各花一些时间。接下来我们将按照对亲密关系的重要程度依次审视每个类型。

E 代表当下的感受。伴侣之间最难也最重要的一类自我表露就是当下的感受。我们经常无法说出自己正在体验的感受。例如，你多久会有一次以下的感受，但没能说出口？

积极的感受：

今天晚上，你让我感到温暖。

你对我的倾诉让我为你感到骄傲。

我很高兴我们能够共度今晚的时光。

开车回家的路上，我意识到自己多想和你再待一会儿。

我必须再说一次，你的头发真美，我喜欢看着你的头发。

我很高兴你能胜任你的工作。

试探性的感受：

我对今天工作中发生的事感到恼火，但我想忘记它。

我害怕接近你，但我也不想退缩。

我今天一直感到焦虑和疲惫，但不确定到底是怎么回事。

我必须承认，我担心我们会为此付出代价。

我觉得我会喜欢我们的新邻居。

你刚刚说的话让我感到不舒服。

你好像生气了。

消极的感受：

我对自己犯的错感到很痛苦。

你刚刚说的话让我感到生气。

老实说，我并不能接受你去旅行的决定。

我觉得和你疏远了。我现在不想说话。

全盘表露当下的感受让伴侣有机会和彼此分享所有情感。如果昨天晚上朱迪告诉马克自己觉得和他有多亲近，那么今天她就会觉得告诉马克他的行为让她感到困扰会变得容易一些。另一方面，隐瞒当下的感受会造成伴侣之间最大的障碍。如果伴侣感到内疚或生气，但仍谈笑逗趣，那么你只能看到他 / 她的面具，无法和他 / 她变得亲密。同样地，如果伴侣觉得脆弱且需要爱却不让你知道，那么你们就像在玩看手势猜字谜游戏，无法真正地亲近彼此。

分享当下的感受并不容易，而了解我们在特定时刻的感受有时也并非易事。这需要我们关注自己，也需要练习。

D 代表过去的感受。表达过去的感受更容易，但也同样重要。比如：

上周你去参加会议，我觉得被冷落了，我感到很生气。

意识到自己的感受后马上分享非常重要。衡量你在分享感受方面是否取得进步的一个标准是产生感受和准备好分享感受之间的时间长度。如果你最终能把这段时间从 2 个月缩短到 2 周，2 天，2 小时，2 分钟，那么你和伴侣之间的关系以及你的心理健康都会得到改善。如果伴侣提起过去的事情或感受，想谈谈或者吐露真实的心声，请确保你能够充分地倾听对方，这是你们增进亲密感的机会。

过去的感受还包括久远过去的感受。如果亲密伴侣和彼此谈论与童年时期相关的事情、父母，以前的情感关系、工作情况和旅行等，他们就能给彼此了解和欣赏真实完整自我的机会。

A 和 B 代表过去和当下的事件和感受。在分享过去或当下的感受时，我们不可避免地也会分享引发这些感受的事件。当然，我们也有可能只讨论这些事件，但隐瞒对事件的感受。这种说一半留一半的分享比没有分享好，但只能让彼此的亲密感达到有限程度。当伴侣向你讲述你们分开的一天或一周里发生的事情时，你是否听到与事件有关的感受，又或者只是事件本身？

C 和 F 代表未来事件和感受。分享未来的事件和感受就是描述自己的梦想——也许想要了解彼此和深爱彼此的伴侣之间，最需要分享的就是彼此的梦想。

自我表露不包括什么

自我表露并不意味着被迫诚实、分享琐碎的细节、单纯为了说明事实承认一些无关紧要的行为等。如果省略或隐瞒部分事实不会造成任何形式的障碍，那么这样做就不会对亲密关系造成影响。例如，一位朋友逾期归还了一些从图书馆借的书。对她而言，这完全是一件无关紧要的小事，但她的丈夫觉得这是不可原谅和浪费的行为。她选择不告诉他，这是一个明智的决定，她只是在避免引起双方不必要的不适。

独处、情感空间、分开的时间、不同的兴趣爱好和活动可能是一段情感开放的幸福关系的特征。亲密伴侣是完全独立的个体，他们有自己的私生活，只是生活中的某些方面和时间重合了。自我表露意味着他们不会向对方隐瞒重大的秘密，他们会告诉对方自己的私生活中发生的所有重要事件和感受。

亲密的人不会对彼此残忍。当他们必须分享一些可能让对方痛苦的事件或感受时，他们会选择一个恰当的时机，并且表现得富有同理心。

谈到真相，有些情况下应该谨慎选择自我表露。以下六项隐瞒原则，可以作为我们的指导：

第一，尽量不要隐瞒，永远不要说谎。

第二，要记住，隐瞒真相的行为总是潜在的撒谎行为，而且每一个隐瞒真相的行为背后都需要做出重大的道德决定。

第三，隐瞒真相的决定永远不应该以个人需求（例如权力需求）、想要被人喜欢的需求或保护自己的需求不被挑战等理由为出发点。

第四，隐瞒真相的决定必须始终以被隐瞒的一方的需求为出发点。

第五，评估对方的需求是一种负责任的复杂行为，只有当一个人真正深爱另一个人时，他/她才能明智地做出评估。

第六，评估对方需求的主要因素是评估这个人是否可以利用真相实现个人精神成长。当评估一个人是否可以利用真相实现个人精神成长时，我们常常低估而非高估这种能力。

自我表露是亲密关系真正的起点。与另一个人深入而坦诚地分享，这种经历令人兴奋。当两个人彼此袒露灵魂时，他们会感受到生命的活力，看到恐惧逐渐消失，呼吸变得畅快。他们会成为两个互相吐露秘密的灵魂，找到埋藏了几个世纪的心灵宝藏地图。他们拥有了不可磨灭的共处时刻：相通的时刻。

实验 24 尝试自我表露

我们当中有许多人在强烈反对自我表露的家庭中长大。这样的家庭教导我们否认或隐瞒自己的感受，更不用提与他人分享。请做以下这些简单而安全的练习来尝试自我表露：

1. 面对伴侣，一遍又一遍地重复以下这些句型，但每次都描述不同的内容。

我小时候……

我感到难过，因为……

我希望你能知道，我……

在内心深处，最让我开心的是……

2. 在接下来 6 天里，每天晚上吃晚餐时，从自我表露矩阵中选出一种形式的对话（关于过去、当下、未来的想法，或者对于某个具体事件的感受），轮流向对方表露。儿童和青少年可能会喜欢参与这个实验，帮助他们认识这几种自我表露形式会对他们以后的生活有所帮助。

亲密体验

现在让我们来做一个细微的区分。亲密感是通过自我表露，即与另一个人分享自己的内心世界产生的。但亲密体验的本身不仅仅是信息的交流。

长期的亲密感是一种品质，也是一类事件、一种伴侣关系和一系列的感受。

真正的亲密感完全是相互的，你无法亲近不和你亲近的人。两个人相遇时，若能立即意识到彼此是对的那个人，往往是因为他们能感受到同样的亲密。他们都能感受到对方的“存在”，都没有退缩。幸福伴侣都有亲近彼此的能力。他们不担心亲近彼此的问题，因为他们总能全心全意地陪伴彼此——可以敞开心扉沟通情感，放下戒备心，温暖彼此，关注彼此，接纳彼此。与此同时，他们也尊重彼此对于“独处时间”的需求，并且不会为此困扰，因为他们对亲密关系有持久的信心。

亲密伴侣能从彼此的陪伴中获得极大的快乐。他们喜欢待在一起，喜欢一起做事情，他们是彼此最好的朋友。

丽贝卡：“在一起 17 年后，每当他走进房间时，我的心仍然怦怦乱跳。我还是迫不及待地想在一天结束时见到他。”

马蒂：“没有她，我无法入睡。我喜欢她在我旁边，即使她只是一个晚上不在，我也会非常想念她。”

科里：“晚上和他一起浪漫依偎总是让我很快乐。前几天，我恰好在他办公的地方附近，我们就一起吃了午饭。卢在我耳边低语：‘我迫不及待地想和你在今天晚上依偎在一起。’我喜欢这种玩笑，这让我们对夜晚有所期待。无论这一天多么乏味，这种小小的乐趣总能让我们一整天都有盼头。”

艾丽斯：“我以前讨厌逛超市。现在，布拉德常常和我一起去。如果他和我一起去，我就很享受逛超市。”

亲密伴侣深深地投入到彼此的精神和个人成长中，和我交谈过的伴侣们几乎都提到了这一点。克伦的话也许是最精彩的：

> 当你在另一个人身上看到自己珍视的价值观时，你就有责任培养和支持这个人的这些价值观。这就是爱，爱不仅仅意味着赠送鲜花。我一直注视着她的成长。我一直在敦促她成长，而不是旁观和索取。当我看着她时，我能看到她努力取得的积极成果。也许她还没有完全成功。但当我看着她时，我看到的不是她还没有成功，而是她正在努力。

一段亲密关系能在很多方面将两个人联系到一起。克伦继续说道：

> 当我想到艾德丽安时，我的脑海中浮现出一个美丽的身影。我想到她透亮的皮肤和可靠的品质，想到她的成熟、正直和智慧，想到我们生存的地球和共同拥有的事物，想到对家庭的承诺，对社会的承诺，这些都是我珍视的事物。这些重要的事物不会消失。当我们在一起时，我也会想到我们生存的地球，我对家庭和社会的承诺。我觉得我们应该注意到伴侣关系中更深层次的发展过程。

培养亲密感也是一个过程。拥有亲密感不是一个通过努力就能突然实现并且永远保持不变的静止状态。在一次婚礼预热会上，我请一对伴侣花点儿时间写下他们想对彼此说的话。在情感交流环节，这位男士告诉自己的新娘："不要在短时间里对我抱太大的期望——但也不要放弃我。"他很清楚，培养亲密感是一个过程。

卡伦："我认为我们的关系是一个长期发展的过程。我们都成长和改变了很多。20岁时，我们能知道些什么呢？但现在，我知道如何才能更了解自己和厄尔。一开始，你们并不知道彼此不了解的地方。没有什么可以替代多年的相处、共同的经历和成长。我觉得伴侣是逐渐变得亲密的。因为彼此共度的时光，我们现在比刚结婚时更亲密了。"

决定什么时候投入培养亲密感的过程，以及能够达到什么样的亲密程度，这都不重要。投入培养亲密感过程的决定可能改变你的一生。你可以在任何时间、任何年龄做出这个决定。结果并不重要，重要的是过程，重要的是和伴侣分享令自己恐惧的事情、暴露自己的脆弱、更加敞开自我、学会放下防备，而这就是亲密。亲密无关你拥有什么，只和你做什么有关。这就是亲密感会增进和改变的原因：总有需要坦诚的新事物出现，并因此引发新的感受。如果伴侣双方选择继续分享这些感受，他们对人生这场冒险的认识和对彼此的爱将会加深。

亲密关系是神圣的吗

几乎在每一种文化中，婚姻都是一种近乎宗教意义上的圣礼，在我们当下的文化中也是如此。说亲密关系是神圣的意味着什么？如果亲密关系的确有神圣或灵性含义，这种因素是否会对幸福伴侣的日常生活产生影响？

我们内心深处的自我渴望完整，渴望所有的创伤得到医治，渴望认清人生的目的，渴望知道我们在实现这个人生目的的过程中扮演着什么角色。我们希望自己的错误得到宽恕，自己真实的模样也可以被爱。我们渴望与自己和平共处，渴望从一些完全值得信赖的来源得到无条件的爱。

这个钢筋水泥筑成的高科技世界提供了什么样的机会让我们挖掘、表达或实现这些渴望呢？

对我们大多数人来说，浪漫的爱情是回答这个问题的少数体验之一。在新恋情的第一次心动中，我们体验到狂喜。生命的目的瞬间变得清晰。我们感到被治愈，被无条件地爱着，感到平和。

爱欲的含义并不局限于性，而是让所有事物都产生渴望和为实现目标而奋斗的冲动，持续激励我们超越现在并实现潜能的是爱和爱的承诺。

浪漫的爱情唤醒了我们对灵性的追求，和一个人保持热烈而激情的亲密关系让我们有机会瞥见涅槃。在现代生活中，我们很少能有这种体验。神圣的体验是爱最伟大的礼物之一。

但这也可能是一个陷阱。浪漫的爱情可以唤醒我们对神圣的渴望，但永远无法实现它。任何凡人都无法让我们感到完整，赋予我们意义，让生活能够永远幸福、热烈、有意义。如果我们渴望从爱情中得到这些，那么我们总是会失望。

幸福伴侣在关系中的精神层面和日常生活层面之间取得了平衡，他们的这两个层面相互促进。对万物的敬畏之情和整体意识升华了关系中的日常安排，而世俗的生活细节为更深层次的情感提供了基础。

例如，幸福伴侣常常以各种方式触摸彼此。这种身体接触能够让人感到满足，给人带来愉悦感，也在不断提醒他们彼此之间精神纽带的存在。温柔的触摸和相拥不断提醒他们当初一起踏上旅程时的愿景，并引领他们继续前进。这些触碰好像在说：“我爱你。我喜欢我们在一起。我尊重你。我们的关系是一个小小的奇迹。”

幸福伴侣能够支持彼此的精神成长。“我有一本梦想日记，”温德尔告诉我，“已经写了20多年了。伊丽莎白也有一本，我们经常互相分享自己的梦想，并谈论这些梦想的意义。”他接着说，“每周五晚上，我们都会一起进行即兴舞蹈。即兴舞蹈是一种形式自由的舞蹈，我们可以随意地创造舞蹈动作，自己跳或和他人一起跳。这非常有趣而且让人兴奋——对我们来说也是一种精神体验，感觉就像是一起庆祝我们的生活。”

其他伴侣告诉我，他们会一起进行冥想、一起阅读和讨论精神成长类书籍，促进彼此精神成长。

因此，婚姻是神圣的，因为它将婚姻中的个人与更高的自我、无穷的世界及灵性联系起来。

全情投入到婚姻中对人类来说还有更神圣的意义——因为意识的转变始于微小的个体变化。心理学家卡尔·荣格认为，宇宙中的男性力量和女性力量之间存在着巨大的精神裂痕。

虽然我们每个人都有代表理性和权威的“男性”力量和代表感性和柔软的“女性”力量，但在今天的社会中，男性和女性之间的裂痕仍然以男性和女性的冲突的形式呈现着。

因此，我们每个人都有一项神圣的使命，那就是在自我和亲密关系中努力找到男性和女性力量的合理融合，致力于为人类意识的进步和抚平人类历史上的这一古老裂痕做贡献。

亲密关系和自由

如果一段亲密关系限制了个人自由，那么这段关系永远不可能持续终生。想要尽情体验生活的人永远不会愿意建立任何禁锢自由的关系。然而，人们普遍认为，亲密关系限制了一个人的自由和自主权。人们害怕亲密关系，因为他们害怕被亲密关系吞噬。他们极力避免建立亲密关系，因为担心亲密关系意味着失去或贬低自我。一位女士这样说道：“我担心把自己完全投入到另一个人身上，这就意味着我把自主权完全交给这个人。”

在旧婚姻模式中，这种恐惧是有根据的。女性为了结婚生子放弃了整个职业生涯，而男性觉得在情感上被困住了。这种婚姻可能有承诺，却不一定有亲密关系。但在亲密关系与承诺并存的婚姻中，伴侣不会试图限制彼此的个人成长。

在幸福伴侣身上，我们可以看到许多特点，但失去个人自由并不是其中之一。这些伴侣享受着亲密关系带来的舒适、愉悦和安全感，同时也保留着独立自主。对他们来说，联系并不意味着融合。他们仍然是两个有着不同生活的独立个体。除了共同的生活目标，他们还有个人的目标，并且他们支持彼此的目标。他们觉得两个人之间的联系增强了彼此的自主权，反之，如果他们不是独立个体的话，他们的亲密关系就无法让他们变得幸福。

乔纳森在 39 岁那年和埃利结婚了，他说：

和埃利结婚之前，我害怕失去自由和独立。我确信这是我长时间保持单身的原因。我一直在问自己：“怎么才能和另一个人亲密相处，同时保持自由？”我一直纠结这个问题，甚至给专栏作家写信聊过。

但渐渐地，我对亲密关系的渴望战胜了这种恐惧，当我遇到埃利时，这种渴望彻底赢了。一切都和我之前担心的完全不同。我不仅感到亲密和自由，而且比单身但疯狂爱着其他女人时更加亲密和自由。单身时，我可以自由地掌管自己的生活。但我并不自由，因为我大部分的精力都用在了关系的纠结上。……现在，我并没有失去自我。我在自己身上发现了以前从未发现的一部分。我其实喜欢被依赖的感觉。我现在能回答自己当初的问题了：怎么才能和另一个人亲密相处，同时保持自由？去爱就是了。

最近，一位朋友打电话给我。他说自己和妻子有了一个拓展业务的新想法，他对此感到十分兴奋，他们需要彼此的支持让整个计划按照预期实现。他们互相推动，而不是拖对方的后腿。因为拥有彼此，他们作为个人和伴侣都在成长。

缩小亲密关系隔阂

在第七章中，我们开始探索男女之间的差异。所有这些差异最终导致了“亲密关系隔阂”的产生。

当今，我们对男女之间亲密关系隔阂已经有了充分的认识。过去，男性外出狩猎，必须坚强勇敢；而女性则留在家中洗衣做饭，养育孩子。受到这种影响，现在的女性总体而言仍然比男性更愿意感受和表达亲密感，并且也更擅长。

不过，让大家感到欣慰的是，我们最终迎来了一大转变。我们正处于一个重要的历史时刻，有足够动力和知识来消除亲密关系隔阂。

首先，让我们来看看亲密关系隔阂到底是什么。

典型的亲密关系隔阂

当伴侣中的一方（通常是但不总是女性）比另一方更渴望亲密关系时，他们之间就会产生亲密关系隔阂。达娜说：

> 我一直以为我的丈夫伊恩是一个重视情感并且会向我表达感情的人。但有一段时间，我觉得和他变得疏远了，我们两个人没有什么交流。他似乎太过忙于工作，没有注意到自己对待我的态度。于是我决定和他谈谈。我本以为他会说："达娜，谢谢你说出来了。我最近是有点儿疏远你，我自己也觉得不好。我不喜欢没有情感交流的时候，不喜欢和你没有交流的时候。"然后他会把我拥入怀中，说一些好几周都没说过的甜言蜜语。
>
> 但我错得一塌糊涂。他非但没有感谢我，反而产生了焦虑和戒备心。他说："达娜，我实在不懂你的意思。你知道我爱你，但我现在有太多烦心事。坦白说，我不知道我还能做什么。我觉得我们的关系很好。你能不能不要再说了？我觉得这又是一件需要操心的事了，而我现在没办法承担。"
>
> 我真的很惊讶！老实说，我以为提出这个问题会对我们有所帮助。我以为他会像我惦念他一样惦念着我。

很多伴侣都有过这样的对话：男性感到被施压和被责备，甚至觉得自己无能，因为他觉得自己可能无法像妻子预期的那样抒发内心情感；女性感到失望、无能为力和沮丧。双方都认为自己是对的，对方是错的。双方都觉得被误解。最糟糕的是，他们觉得彼此疏远，这和他们想达到的目的背道而驰。

亲密关系隔阂产生的大多数冲突通常都有以下这些共同特征：

1. 女性向男性索要“更多”。女性都知道这里的“更多”指什么，无须互相解释。但她们必须向男性解释这意味着什么：意味着她们想要更亲近，在言语上更亲密，得到更多关注、更多聚焦、更多情感、更多情感的表达、更多心意、更多爱的证据、更多接触。

当一位女士对一位男士说“我们谈谈吧”，她的内心充满了期待和兴奋。但当男士听到这句话时，他常常会退缩，变得不知所措。他觉得这不是一个善意的邀请，而是在责备或攻击他，让他感到不安全。

2. 他们都默认女性有责任让男性理解她想要什么。女性做出尝试，但失败了，而男性仍然觉得受到责备，感到无能。

3. 女性开始觉得男性是对的，是自己胡思乱想了，自己想要的太不切实际了。

4. 男性觉得自己是“对”的一方，觉得自己的世界观有理有据，女性也因为不被理解而感到愤怒。当他们再次疏远时，女性发觉自己的想法并非胡思乱想，但知道男性仍然觉得她是在胡思乱想。女性陷入了一种典型的双重困境：如果她告诉男性自己想要什么，男性就会产生戒备心，和她更加疏远；如果她不告诉男性自己想要什么，她就永远无法得到自己想要的东西，因为男性通常意识不到问题的存在。一位女士表示：“我愿意给他空间和独处的时间。但如果我给他空间，他会和我亲近吗？很可能不会。”安德烈娅说：

> 这太讽刺了。我认为我的丈夫意识不到这方面的问题，是因为我的感觉太敏锐了。我经常告诉他我有多爱他，当我暗示他也这样表达时，他总是说：“我一直都有说啊。”但其实他从来没说过。他没有意识到我们的关系需要某种肯定，因为我总是能将关系处理得很好。

女性认为，如果她们清晰地表达自己想要什么，男性就会理解，他们就会变得更亲密。但心理学家认为：

> 问题不在于男性不表达，而在于男性根本无法意识到问题，简而言之，发生的事情超出了男性的意识所能理解的范围。男性在童年时期学到的经验是，要压抑和拒绝自己内心的想法、愿望、需求和恐惧，他们已经融会贯通，甚至不再意识到这些感受。因此，男性通常无法获得女性容易获得的那种内心思想和情感，这是真的。当男性说“我不知道自己有什么感觉”时，不一定意味着他是个铁石心肠或有所保留的人，他很可能是实话实说。

当前亲密关系隔阂的转变

近代以来，传统的性别角色模式遭到质疑，越来越多的男性意识到，强加在他们身上的硬汉气概把他们伤害和压迫得有多严重。**愤怒最先激励女性摆脱父权压迫，而现在悲伤最先鼓舞男性开始反抗。**当他们审视内心时，他们看到的是：

社会期望男性从工作中获得价值并确立自己的身份。但职场世界的设置使它只能满足极少数人的需求。部分男性员工无法充分发挥自己的才能，也无法因为他们取得的成就获得丰厚的回报。他们抑制着自己真正的激情，让自己可以符合周围环境对成功和男子气概的定义。当他们坦白自己的感受时，他们会觉得没有实现自己的价值，没有确立自己真实的身份。难怪当他们感到悲伤时，他们总是回避表达情感。一位男士告诉我：

> 让我热泪盈眶的事是，我听说一个男人辞去了自己在公司的工作，全职照顾孩子、画画或打理花园，还有一个文员回到学校读书，实现自己真正的梦想。让我感动的是一个人能够挣脱束缚，活出内心的激情。这太难得了。

男性越来越渴望与孩子建立亲密联系，他们不想像从前那样，把养育儿女的任务全权交给女性。其中一些男性因为自己从未和父亲建立亲密联系感到遗憾，他们羡慕女性之间深厚的友谊，痛恨自己的为人被自己的行为定义。

最重要的是，男性想知道如何爱女性，也希望被女性爱。他们越来越想过上一种充满情感的生活——不是因为女性期望他们这样做，而是为了自己。

这是一个令人振奋的前所未有的历史时刻。那么，我们该如何利用这个转变以获得最好的结果呢？

首先，男性和女性都必须意识到，男性必须变得自爱和有耐心，而女性必须把对男性的愤怒和愤慨转化为同理心和同情心。

摆在男性面前的任务有多艰巨

男性擅长隐瞒情感，这并非出于偶然，在远古时代，这是他们鼓起勇气到野外狩猎和保护家人的必要技能。在工业时代，这项技能仍然有用，因为这个时代的工作竞争日益激烈，并且很多人只是为了实现别人的目标而工作。如今，在大多数男性生活的职场、生意场、运动场上，他们被寄予期望去实现目标、赢得比赛和取得成功，而情感被误认为是实现这些目标的路上的一块绊脚石。

在很长一段时间里，保持“我很好，一切都很好”的表象一直是男性的适应性行为。要求他们改变这种行为，将撼动他们整个行为体系的基础。

社会期望男性坚强，如果我们要求他们承认自己的脆弱，就等于要求他们一反常态。他们在理智上重视情感，但他们可能不知道如何“感受”或感受的后果会如何。干脆放弃坚强吗？可以在承认脆弱的同时保持坚强吗？如果他们放弃了熟悉的硬汉作风，他们还会是自己吗？还会觉得安全吗？

男性可能本能地认为，当他们允许自己去感受的时候，他们会感受到的一种情感是痛苦：对错过的情感的遗憾，对童年创伤的哀悼，以及无能、被拒绝和恐惧的感觉。他们可能也意识到了，当他们拒绝情感时，他们就拒绝了一切情感。因此，如果他们不愿意冒险体验这种痛苦，他们就永远都无法体验到亲密的快乐。但允许这些痛苦涌现对任何人来说都是一种巨大的风险，我们不应该低估这种风险。

此外，有些男性认为自己处于双重困境中。他们认为女性既希望男性表达情感，又希望男性坚强而成功。因此这些男性认为："如果我不表达自己的情感，她就会因为我没有承认自己的脆弱而拒绝我。但如果我表达出自己的恐惧和不安全感，她就会因为我软弱而拒绝我。"

在历史的这个时刻，很多男性正深陷所谓的"充盈的空虚"中。心理和精神变化的本质要求一个人在接受新的存在模式前，必须放弃旧的存在模式。当你已经摆脱舒适的、熟悉的行为，但尚未完全采取新行为时，你所处的这段时间就是所谓的"充盈的空虚"。当你处于"充盈的空虚"中时，你会觉得空虚可怕。你已经鼓起勇气摆脱那些不再有好处的旧行为，但得到的却是迷茫、不安全感、困惑和恐惧。只有对即将填补空虚的美好事物保持信念，你才能渡过这个难关。

很多男性现在就处于这样的空虚中。在很多时候，他们不知道自己应该朝着什么方向前进，不知道如何找到方向，并且觉得很难表达自己的困惑。

随着社会的变革和思想观念的转变，男性已经互相学习了很多。他们会因为父亲在成长过程中的缺席和缺乏男性榜样等共同经历团结起来。

但我相信男性也需要女性的帮助，在经营婚姻的旅途中，两性需要将对方看作盟友。这正是我在幸福伴侣身上看到的情形。我相信，这种做法最终会消除亲密关系隔阂。

女性担任男性的"情感导师"

我认为男性和女性是时候互帮互助了，女性可以尝试主动担任男性的"情感导师"。

这个计划在逻辑上是可行的。女性拥有情感技能，而男性试图获得情感技能。两性都能从中受益，因为女性也希望男性的情感更充沛。但是，也正因如此，这个计划充满了风险。因为女性是结果的受益者，所以她们可能当不好导师的角色。

许多女性已经有过这样的经历，她们试图指导男性成为情感更充沛的人，因为这种类似的情况在许多关系中都会发生。但这种指导往往以彻底失败告终，要么女性觉得付出多于回报变得怨恨，要么男性觉得被责备和施压而变得怨恨。所以问题是，我们能否找到一种方法来利用情感指导关系中潜在的利益，同时避开其危害？

我的上一本书《你如此优秀，为何还单身》讨论了女性在男性无法理解她们时，无意识中使用的一些注定要失败的策略。这些策略是：索取亲密感、不要求亲密关系、情感绑架、说教、惩罚、否认你的需求。那么，如果这些策略都不起作用，什么策略会起作用呢？

情感指导原则

1. 双方都必须有建立情感指导关系的渴望，你们必须都相信自己会从中受益。男性，请确保自己有想要改变的理由。如果你自己没有动力让关系变得更亲密，那么妻子的指导对你来说只会是唠叨，你们最终都会怨恨这个过程。你不可能只为了伴侣的需求改变自己的亲密技能。

女性，请放下对这个问题所有的愤怒、怨恨或优越感。记住，你的伴侣正在做出一个重大的改变。考虑他的家庭背景对他为人的影响。只有当你保持耐心和欣赏的态度时，你才能有效地指导对方。

2. 了解想法和感受之间的差异，并练习使用“感受语言”。

一条经验法则是：如果一个句子以“我觉得你……”开头，那么这个句子几乎肯定是在表达一种想法，而不是一种感受。例如，“我觉得你昨天晚上很自私”表达的就是一种想法。（同时也是一个关于“你”的陈述而不是关于“我”的陈述，正如我们之前了解到的那样，这不是一种增进关系的沟通方式。）而“我觉得昨天晚上我被冷落了”表达的则是一种感受。

“我觉得……”这个简单的公式几乎总能表达出你情绪激动时需要表达的一切，无论你觉得温暖还是亲近，生气还是悲伤。因为它很简单，所以是一种练习使用“感受语言”的好方法。

男性不习惯谈论感受，所以他们表达感受的词汇往往十分有限。因此我列出了一个感受词汇表供你们参考。我认为在谈论中不允许使用“好”和“不好”来形容感受是一条有用的原则。我会强迫自己（和其他人）使用更具体的形容词。以下是“好”和“不好”的几个同义词。

好		
受欢迎的	甜蜜的	美妙的
吸引人的	引人入胜的	迷人的
诱人的	诱惑的	欣喜若狂的
兴高采烈的	欢腾的	喜出望外的
激动的	热情的	兴奋的
神奇的	快乐的	奇特的
开心的	满意的	温暖的
能接受的	愉快的	柔美的
乐观的	高兴的	

续表

不好			
感到愤怒	感到沮丧	感到害怕	感到受伤
坐立不安的	忧伤的	忧虑的	痛苦的
懊恼的	难过的	尴尬的	失望的
恼怒的	阴郁的	不安全的	冒犯的
生气的	受挫的	战战兢兢的	苦恼的
失意的	糟糕的	紧张不安的	不快的
怒火中烧的	被拒的	焦虑的	泪流满面的
狂怒的	可怕的	吓坏的	惊吓的
	失败的	不堪重负的	自怜的
	崩溃的	恐慌的	
	悲惨的		
	糟透的		
	孤单的		

3. **对女性而言，指导伴侣感受和表达感受时，你能给出的最重要的帮助是询问他的感受。**这个策略简单得出乎意料，但常常被忽视。

在第一段婚姻中，我总是希望我的丈夫能告诉我他对某些事情的感受。后来，我终于意识到我应该主动问他。每当我这样做时，他都会因为这个问题感到意外，然后会思考一番，并且通常会详细地描述自己的感受，或者至少描述自己的想法，这也远远好过什么都不说。

先问问伴侣的积极情绪。在此之前，先陈述自己的感受，为他做出示范。例如，你可以说："你的家人邀请我们去吃晚餐，我觉得受到了喜欢和照顾。我觉得自己真的很幸运，你有一个这么美好的家庭，而我成为其中的一分子。

你觉得那天晚上怎么样？”

请记住，虽然这并不是他的错，但感受对你的伴侣来说就像一门陌生的外语一样。他可能会觉得尴尬，产生戒备心——因为担心自己可能无法给出你想要的答案。

你的任务是让他觉得这种谈话是安全的。他必须知道，无论自己说什么，都不会受到攻击、贬低或嘲笑。向他解释，你只是想问他一些事情，这并不意味着你对他做过的事情感到不满，特别是当你想要谈谈你们两人之间的关系时。

不要把你们的角色定位为高高在上的教师和学生。这并不是一种知识渊博的教授与一无所知的学生或医生与患者之间的关系。把自己定位为促进者或指导者,而不是教授者。你的角色任务是促使你们一起更加关注感受。谈谈自己的感受，询问伴侣的感受，然后带着真正的理解和同理心倾听他。

请记住，不论你们之前有过什么样的约定，你的帮助有时候仍然会被怨恨。就像当你请一位朋友监督你节食时，如果她尽责地说“你确定要吃那个吗？”你可能还是会怨恨她。情感指导也是如此，不要陷入怨恨之中，顺其自然，这种情绪会过去的。你只需暂时退一步，换个时间再谈论自己的感受。

当你们对彼此感到愤怒，即使只是稍微有点儿愤怒时，不要开始讨论积极的情绪。如果你们中任何一方对另一方仍然怀有怨恨情绪，那么你们的对话实际上不是“安全的”，你的行为更多是在抑制而不是鼓励情感对话。如果你们想谈谈消极的情绪，请按照上一章的描述开展一个情感论坛，并以平等的身份，而不是指导者和被指导者的身份参与其中。

以下是对女性的重要提醒：不要怀着情感指导的想法拒绝接受男性和女

性之间、你和伴侣之间确确实实存在的差异。请记住，男性需要一段时间用于独处、享受独立空间、专注于某些活动或自由活动，这是正常的。只要你的伴侣在其他时间里与你保持亲密，以上这些行为就不能说明你们之间产生了亲密关系隔阂。

大多数女性需要通过一定的努力才能接受伴侣本来的样子。最近一位朋友告诉我，他们刚出生的宝宝引发了她和丈夫之间一些意想不到的紧张局面。“他把手搭在宝宝椅上，抚摸着宝宝，但注意力却在报纸上。我温柔地提醒他，如果他能和宝宝有更多的互动，我觉得会更好。他生气了，把宝宝从椅子上抱下来，开始读报纸给宝宝听。”

如果我的这位朋友放手让丈夫按照他自己的意愿和女儿培养关系，那么这种紧张局面可能就不会发生。丈夫的行为并没有什么错，她需要接受他，而不是试图改变他。

如果你能够学会不把伴侣的独处时间放在心上，你就能使你们的关系更安全，你们也更容易建立亲密感。当伴侣似乎和你疏远并缺少交流时，他可能是在处理压力，解决问题，或者只是在振作精神。支持他享受独处时间，也借此机会给自己一些安静的、独处的时间，许多女性没有足够的独处时间。要理解伴侣的独处与你无关，这只是男性的惯常行为模式。这种方式让他们觉得自己独立而能干，而这正是你希望伴侣拥有的品质。你越给他自由享受独处，他就会越快乐，越渴望与你亲近。

4. 对男性而言，当你的伴侣想要和你讨论“关系”时，或当她要求你表达更多爱意和感受时，请理解，她不是在责备你。相反，她正向你伸出手，希望与你更亲近。她正在以自己认为最好并且最擅长的方法培养关系中的感受。如果你觉得紧张，觉得受到攻击，开始带着戒备心表示：“我真的抱你很多次了”“我真的说过很多次爱你了。”请放松下来。你可以跟她说:“我有点儿戒备。我不想这样的。”仅凭这句话就能帮助你放下戒备心。

对伴侣的话持开放态度。试着采取这种态度：“她正在请我帮忙获得她想要的东西。我可以试着给她。我欣赏她的努力。我可以向她学习。”仔细地倾听她的话，不用担心，你不用立刻给出她想要的东西，只要倾听就够了。用自己的话复述她的话，让她知道你倾听了。对她而言，这种回应比你能说的其他话意义更大。然后，试着按照她的要求采取行动。如果你需要帮助的话，请花几分钟审视自己的内心，了解自己的感受，然后尽可能地用语言表达出来。

大多数男性无法理解为什么爱的语言表达对女性而言如此重要。多年前和我交谈过的一位男士说道:“如果我的妻子无法从我和她的亲密行为方式知道我爱她，那么有问题的就是她，而不是我。我不知道她还需要什么。”

但正如我们之前指出的那样，女性想要从伴侣那里听到爱的表达，不是因为她对伴侣的爱不信任，不是因为她害怕他不爱自己，而是因为爱的表达对她来说是一种享受，这些表达让她感受和体验到他的爱。我刚刚提到的这位男士的妻子曾对他说:“从未说出口的爱和不爱有什么区别吗？”

心理学家表示:

> 感受是内在的生命，而表达是外在的生命。简单地说，一个完整的生命显然需要一个丰富的内在生命（丰富的感受）和一个自由的外在生命（自由的表达）。任何单独的一部分都无法完全令人满意。用爱来举例，爱是一种丰富的感受，而用言语或行为表达爱是一种快乐。

在一封写给朋友的信中，作家乔治·艾略特表示：

> 我不仅喜欢被爱，而且喜欢听到别人表达对我的爱。我不确定你是否有同样的想法。这是一个充满光亮和语言的世界，我想冒昧地告诉你，你是一个可爱的人。

爱的表达不仅是一种享受，而且能增加你对爱的体验，你可能会因此意识到以前从未想过或从未关注过的事情。例如，我和迈耶刚在一起时，我想要写一些文章评价他的艺术作品，然后投给艺术杂志社。好几个早晨，我们一起出去吃早餐，我趁着这段时间采访他。

我问了他一些问题，比如："你对陶瓷艺术有什么看法？为什么你选择制作碗和茶壶而不是其他东西？你的灵感来自哪里？你的作品表达了什么样的深层主题？"

这些谈话令我们感到兴奋。因为当迈耶娓娓道来时，他对自己的作品有了以前从未想过的新见解。关于关系的谈话也能像这样给你们很多启发。

> 泰勒："最近我们散步聊天时，帕齐告诉我，她喜欢我这么照顾我的兄弟，觉得这样很贴心。我很喜欢这样，我们已经结婚16年了，但我从来不知道她注意到了这点。"

大多数男性必须下定决心才能主动谈论感受，因为这对他们来说不是一件自然就会发生的事。在伴侣充满爱意和支持的指导下，你可以选择敞开心扉，开启生活的全新维度。

5. 学习两种方法：弹钢琴法和骑自行车法。

第一种是学习弹钢琴的方法：你一遍又一遍地重复同样的篇章或小节，在昨天和前天的练习基础上逐渐取得成功。这种进步是渐进的。

第二种是学骑自行车的方法：也许你一遍又一遍地不断尝试，但不会取得任何明显的成功。第十次尝试甚至可能看起来比第一次尝试更失败。然后突然间，在某一次尝试中，一切都水到渠成，你学会了一项永远都不会忘记的技能。虽然最初的尝试好像都是徒劳的，但如果没有这些尝试，你永远不会取得最后的成功。这种学习方法要求学习者在面对明显的退步时仍然坚持不懈。

个人成长更像是学骑自行车，而不是学弹钢琴。你可能需要一遍又一遍地努力做一件事，但是毫无成效。然后突然有一天，你顿悟了。指导者和学习者必须认识到这种现象，当一切看起来没有任何进展时，你们必须保持耐心和信任。

6. 定期评估你们的情感指导实验。评估本身就是一种情感对话。你们必须评价自己，而不是评价对方。对女性而言，伴侣的进步不能以你建立的绝对标准来衡量。你指导伴侣不是为了让自己的需求得到满足，而是为了让他的需求得到满足。只有他才能判断出自己是否正在朝好的方向转变。

情感指导是一种革命性的策略。它将帮助我们在男性和女性之间建立一种平等的伴侣关系，让我们的心理在男性力量和女性力量之间取得更好的平衡。最重要的是，它让我们认识到，在寻求亲密感的过程中，男性和女性可以是盟友。

实验 25　给自己一个好的转变

女性：在接下来 1 周内，每当你发现自己挑剔或苛求伴侣时，记下此时的问题。随身携带铅笔和纸，这样你就能随时准备好把问题写在笔记本上。

2 周后，查看清单并询问自己："在这个问题上，我可以释怀并接纳伴侣的行为吗？"然后在接下来 1 周里，对伴侣做的一切采取有爱的接纳态度，给予他口头上的肯定。

男性：在接下来 1 周内，主动发起对话，和伴侣谈论你们对彼此的感受。带她出去吃饭、散步或兜风。告诉她你对她和你们之间的关系的各种感受。

在这 1 周里，每天都有意识地让伴侣感受到语言上的亲密。告诉她你对她的感受并进行自我表露。

亲密关系是我们热切渴望的且与彼此交流的结果。

你的亲密体验极限是什么？有时你可能觉得自己已经达到了极限，认为："我们怎么可能比现在更亲密呢？"但亲密关系是多方面的，而探索亲密关系的不同层面需要花费一生。

你们的亲密关系是一场精彩不断的冒险，好好享受吧。

第九章

愉悦感：高质量的性爱

关于人类性行为的研究报告指出，大约50%的已婚伴侣都有性问题。对许多人来说，这个数字高得吓人。许多媒体都报道了这一数据，真是好事不出门，坏事传千里呀。不过，这组惨淡的数据背后显而易见的推论是，一半的已婚伴侣有美好的性生活，或至少有满意的性生活。当时，媒体对这一半伴侣的故事并不感兴趣，没人研究他们性生活和谐的原因，不过现在有了。

事实证明，我们能从性生活和谐的幸福伴侣身上学到很多，知道什么对他们有用，以及为什么对他们有用。

我采访过的幸福伴侣有许多不同点，但他们基本上都对自己的性生活感到满意，甚至非常满意。他们一致认为，性爱是亲密关系的重要组成部分，他们对彼此的性吸引力一直不变。但这并不是因为他们每次都有完美的性爱、“性趣”相投、喜欢的性生活方式完全一致或非常关注性生活。

这些伴侣享受性爱，是因为他们接受了他们共同拥有的事物。他们都对性抱有积极的态度，他们享受性爱，认为两个人之间的差异不是需要解决的问题，而是需要接受的生活事实。他们相信自己能有美妙的性生活，也渴望拥有，更致力于为自己和伴侣带来性愉悦。

这些伴侣性生活幸福的秘密可以归纳为六大原则，这些原则已经在我们的讨论中反复出现过。我认为，这些原则对任何想要维持长久且幸福的性生活的伴侣而言都是必要且充分的：

- 他们将性爱视为爱情的一个组成部分。
- 他们接纳并尊重彼此的感受。
- 他们知道男性和女性在性爱中有不同的享受点，并在性爱中考虑这种差异。
- 他们会谈论性生活，而且愿意告诉对方自己想要什么。
- 他们在性爱上平衡了给予和接受。
- 他们刻意寻求享受性生活的方法。

将性爱视为爱情的一个组成部分

社会规范不是随着个人的年龄而变化，而是随着年代而变化。因此，无论我们是二十多岁还是四十多岁，所有人都慢慢改变了对性的看法。

首先，对我采访过的伴侣而言，性是他们彼此爱意的表达。性带来愉悦感，因为它表达出伴侣对自己的爱慕。性让他们可以体验、表达和感受彼此的爱。性是沟通的一种形式，而不仅仅是情欲高涨的表现。他们的关系使性变得美妙，而不是性使关系变得美妙。

和我交谈过的伴侣很少提到性技巧，当我提到这方面时，他们认为这并不重要。

马尔纳："我们每次的性爱都非常不一样。但我们并没有掌握很多性技巧，变化的是我们的心情、谈话、花费的时间、当时的兴致等。性不是需要学习的体操项目。我从未读过学习性技巧的书，我也不感兴趣……不要误会，我们经常做爱。但我们已经知道自己喜欢什么，不必再看书学习。"

杰夫："美好的性爱来源于生活的方方面面。我整天都向盖尔示爱——我告诉她她有多美，她有多好。我喜欢抱着她，亲吻她的脸颊。"

其他伴侣也强调了口头示爱、不带性意味的触摸和抚摸的重要性。南希就是其中之一：

在我的第一段婚姻中，除了想做爱的时候，我的丈夫从来不碰我。我想，他从来没想过爱抚的重要性。他认为唯一一种获得关爱的方式就是性爱。有时他想要的是性爱，但有时他只是想要关心和爱。我曾经告诉他，在我们不打算做爱时，他也可以表现得含情脉脉。他会试一下，然后再次抛之脑后。我现在的丈夫乔治和他完全相反。我们总是把注意力放在对方身上。我承认，现在几乎都是我主动提出做爱的要求，但乔治似乎一直很喜欢。他会不由自主地把我搂入怀中，或者当我在厨房时来到我的身后，抱住我，我非常喜欢这些举止。

性关系通常能反映一段关系中的其他方面。如果伴侣陷入了紧张局面，或者产生冲突，或彼此疏远，他们的性生活就能反映出这些情况。有时，关系改善或引发压力的外部因素得到改善，性关系就会变得更加美妙。有时，美妙的性体验能够让伴侣一扫不快：他们可能会因为一场非常温暖或兴奋的性体验而消除彼此之间的距离。

虽然这些伴侣强调彼此的爱意，即他们的关系与性生活密不可分，但他们也一致认为，找到性趣相投的伴侣十分重要。

处于长期关系的亲密伴侣在性爱中会体验到两个不同的方面：彼此的联系和性快感。女性比男性更能注意到这两种不同的方面，她们通常会在不同的时间体验到性爱这两个不同的方面。汉娜说：

当我第一次感觉产生情欲时，我先是觉得温暖而冲动——被一种浪漫、多愁善感、依恋的感觉笼罩着。这些感觉来源于我的伴侣。我的眼里都是他，我珍惜他，觉得和他亲密而相通，想和他融为一体。我的情欲越高涨，这些感觉就越强烈。它们充满激情和浪漫，令我兴奋——但它们又不完全是情欲。

我们会在彼此的怀抱中深深地放松，而此时温暖、亲密、相通的感觉就又出现了。我非常喜欢性爱的部分，这让我感到亲密、满意、舒适。这个过程有一种永恒的感觉。我也喜欢这种满足感，在他的怀里，我觉得很安全。

我曾经非常渴望和我真正爱的人一起体验这种感觉，而不是假装爱。现在我有了这种体验，每一次体验过后，我都异常感激。我终于找回了这种感觉。

我采访过的几位女性提到，有时候她们在性爱中体验到的更多是感官联系，有时候则更多是情欲。但男性和女性都认同，性爱是舒适、自由、令人兴奋的，因为享受亲密关系本身就是一种快乐。

美好的性爱从接纳开始

许多伴侣觉得现实不符合他们的期望，从而破坏了他们的“性福”。例如，他们可能会认为：“我们做爱的频率应该更高。”“我应该有更多高潮，或者更美妙的高潮。”“我们应该在性爱中多说或少说话。”“我应该更快产生情欲。”“我的妻子应该有更多回应。”“我的丈夫不应该这么频繁要求做爱。”“我们应该比现在更享受性爱。”请停下来花点儿时间思考一下你的“应该”。

幸福伴侣不会在这些想法上浪费时间，这不是因为他们的性爱总是完美的，而是因为他们认识到，完全接纳事物的本质是唯一理智的选择。当然，如果他们认为有什么事情需要帮助或改善，他们就会采取行动。

十几位女性告诉我，她们曾向妇科医生或护士咨询过性问题，例如性交疼痛、缺乏润滑或缺乏回应等。有三对伴侣参加了性治疗，其中两对认为他们得到了很大的帮助。但这些伴侣在性方面普遍不存在焦虑，他们很乐意接受生活给予的一切。

比如，我采访过的一对伴侣西蒙和埃伦，他们在性生活中接纳并尊重彼此的感受，坦诚与对方沟通自己的感受。这位女士热情活跃，但她在性方面很保守，并且性生活次数十分有限。但她的丈夫和她在一起很快乐，并且深爱着她。即使在私下的交谈中，他也表示自己不介意这些限制：

> 遇见埃伦是发生在我身上最美好的事。和她做爱非常特别，这也是让这个过程变得美妙的原因。我从她身上学到了很多——知道了深入探索一两种类型的活动也可以让我们的亲密关系产生许多变化，获得许多愉悦感。她的性偏好只是她这个人的一部分。如果我试图说服她改变，那就太荒谬了。

如果你不把性“问题”看作必须做点儿什么去解决的问题，而是接纳它们本来的面目，那么许多有关性的“问题”都会消失。性没有正确错误之分。几年前，我和同事在加利福尼亚大学伯克利分校开展人类性学研究项目时，我突然意识到了这一点。这些小组里的女性详细地和彼此分享了让自己产生性欲的抚摸、活动、幻想、动作等。我可能和两百多名女性进行了交流，而我从未听到任何两个人有一样的产生情欲的方式。人的偏好和体验都是不同的，很明显，体验没有正确、错误之分，也没有好坏之分。你——以及你的性体验——是独特的。你只需要弄清楚什么样的性爱能给你和伴侣带来愉悦感，并付诸实践就足够了。

幸福伴侣接纳自己的身体和性偏好，也接纳伴侣的身体和性偏好，并接纳它们随着时间产生的变化。汉娜向我诉说了一个非常感人的故事：

我最近一直有一些更年期的症状，这是一件很令人讨厌的事。但让我感到惊恐并且万万没想到的是，自从我开始走向更年期，我似乎需要更长时间才能达到高潮。有些事情你以前一直没注意，一旦开始意识到，你会发现它已经存在了好长一段时间了。这种情况出现了一段时间后，我开始担心马蒂会不高兴，因此我向他提到了这点。他太贴心了。他说自己甚至都没有注意到，而且自己反正也不着急，时间越长，他越快乐。我的意思是，他让我感觉很好，我再也没有担心过这件事了。

所有伴侣都表示，他们彼此之间有许多不同类型的性接触，从匆匆忙忙的亲热到共度悠长的午后或周末出游等。有时他们完美同步，充满激情和高涨的情欲，感觉非常美妙。有时他们心情复杂或低落，只是单纯地走完流程，没有产生特别的感觉。他们有过做爱频率高的时期，也有过一个月或更长时间没有做爱的时期。这些激情期和冷淡期可能持续数月甚至数年，但最终都会不可避免地消退，出现新的时期。让这些伴侣对性生活感到满意的原因是,他们并不害怕所有的转变和发展。性爱会因为各种原因“起伏不定”，这没什么大不了。

伊莱恩的态度很好地说明了这种接纳：

刚结婚的三四年里，我们一直都有非常美妙的性爱。但现在完全不一样了。我们都对性不太感兴趣，就像失去了动力一样，性爱的频率也变成了一月一次，我也不清楚这是为什么。但我们的关系从未像现在这么好。我们相处得很好，只是对性不再那么感兴趣，并且我们两个人都能接受。

当然，如果你们之间存在差异而不是同步，“接受事物本来的面目”可能更多是一种挑战。一个常见的例子是一个人可能兴致勃勃，而另一个人可能提不起兴致。我从这些伴侣身上看到的是，他们不会把这些差异放在心上——除非他们知道这反映的是两个人之间的紧张局面。接受我的采访时，卡罗琳和埃迪正处于这种“冷淡期”，卡罗琳说：

> 我知道埃迪现在承受着巨大的压力。他刚开始了一份新工作，而且工作并不顺利。他没什么兴致，而且我们都有过冷淡期。我现在是有点儿渴望性爱，但我一点儿也不担心。我正竭尽全力支持他。我一直在暗示他，并试图让他产生兴致，但我很有耐心。我知道这种时期不会永远持续下去。毕竟，我可以借鉴我们在一起 14 年的经验。

也许是受到了媒体报道和电影的部分影响，我们觉得性体验都是相似的。但事实并非如此。正如你的脸、指纹、口音和其他人不同，你的性感觉和偏好也与其他人不同，你的独特性让你变得稀有和特别。幸福伴侣不会试图迎合难以捉摸的性标准，他们接纳并享受彼此拥有的现状。

适应彼此的差异

男性主要抱怨女性没有足够的回应，对性不够感兴趣。女性主要抱怨男性进行得太快了。（女人为什么要假装高潮？因为男人假装前戏。）

幸福伴侣也会讨论这些问题，但因为他们在关系中对彼此有善意和谅解，他们能找到方法解决这些问题，这样他们在大部分时间都能满足自己和对方的需求和欲望。女性用来拒绝性爱的常见借口是："我头痛，今晚不行。"在与我交谈过的女性看来，这些话似乎并非完全是假话。有几位女性告诉我，听到性爱邀请时，她们最初会有一种抵触心理，可能体现在语言或非语言表达上。"我当时没什么兴致。"一位女士告诉我，"当时我的脑海中想的都是孩子或者工作会议。"但处于幸福关系中的女性知道，如果她们不去注意这种抵触心理（"不，现在不行"），它就会消退。她们选择忽略最初那种抵触的冲动，因为经验告诉她们，如果她们给自己一个机会，她们就能产生情欲，享受性爱；她们想要积极的性生活，因为她们认为这是关系的重要组成部分；她们想让丈夫高兴并满足他们的欲望。三位女士谈到了这一点：

第一位女士："当我第一次觉得没有兴致时，我不想让他失望，所以我还是同意了。然后我发现，如果我能给自己一点儿时间，我确实会喜欢这种感觉。如果我们总是在等待，等双方都有兴致，那么我们就不会经常做爱，就会因此失去了很多愉悦感和联系。不过，达雷尔也努力地扮演好他的角色：他知道自己必须让我产生兴致，他很有耐心，会做一些让我产生反应的事情。"

第二位女士:“很多时候吉姆会提前给我一些信号，然后我们会刷牙并享受一会儿休闲时光。如果是星期日早晨，他会去拿报纸，开始煮咖啡，当我们准备好时就能喝上咖啡。这给了我调整心情的机会。我会刻意不再想脑海中的其他事情，酝酿情绪。有时他并没有注意到，但是当他注意到时，这会令他非常兴奋。”

第三位女士:“当我不在状态时，我会用一种幽默的方式让戴维知道。我会说:“你今晚必须完成所有工作。”或者:“我可能没兴致，我太累了。”他知道我是半开玩笑。我不是在拒绝他，但这么说会减轻我的压力。我允许自己偶尔成为被动的一方，让他承担一点儿压力。有时我确实没什么兴致，但通常情况下我兴致满满——只要我让自己放松下来，不再思考其他的想法。”

你最重要的性器官就是你的大脑。如果你的思绪被忙碌生活中的其他事情占据，或者你在担心某些事情并感到焦虑，你就不会有情欲。但你并不需要接受你的思想的摆布，你可以控制自己的想法。记录当前正在占据你的思想的所有事情可能会有所帮助。列一个清单，或写一篇简短的日记，这样你就能暂时放下繁杂的想法，留到过后再思考。如果没有时间，在脑海中列一个清单，或者直接记住你以后需要思考或担心的事情。然后开始酝酿一些美妙的性幻想。放松，用幽默的方式让伴侣知道你需要一点儿时间和帮助才能进入状态。如果你的思绪仍然停留在生活中的其他事情上，不要担心，顺其自然，只是不要沉浸在其他想法中，就像在冥想中那样，你就能让思绪回到性幻想上。给自己一点儿进入状态的时间。有时这种时间可能长一点儿，有时短一点儿，但你总会进入状态。

有时对性的抗拒反映可能不仅仅是女性在性爱中的传统角色。例如，谢里发现她缺乏回应可能意味着其他问题：

> 我通常可以很快地进入状态。我很感谢汤姆总是主动提出性要求。我喜欢他因为我产生情欲的样子，喜欢他常常想要和我做爱。
>
> 但最近我陷入一段性生活不顺利的时期。我没能享受其中，也无法让自己产生激情。汤姆似乎能明显的感觉到我的状态，但我一直没说什么。最后我提出来了，这让我们敞开了心扉。我意识到，他帮着带孩子的时间越来越少了，他总是沉浸在他自己的事情中，这让我感到被冷落了，因此我有点儿不满。我们进行了一场深入的谈话。当我们开始把事情理清后，我们恢复了在性方面的亲密关系。我有点儿惊讶，这种不满情绪一直在我身上积压，我却没有意识到。最终是性方面的表现为我敲响了警钟。

我发现，一般来说，处于幸福关系中的女性关心伴侣的需求，就像关心自己的需求一样。她们希望自己对性感兴趣，积极努力成为热情且具有吸引力的性伴侣。当处于幸福婚姻中的男性和女性在性方面彼此照顾时，他们自己的需求也会得到满足。幸福伴侣在性方面一切顺利，是因为他们会和彼此交流。

告诉对方你想要什么

告诉对方你的性需求并不总是那么容易。我发现，即使是结婚多年的幸福伴侣对于这个话题可能也会觉得羞于启齿或尴尬。有些人觉得这样会让性爱失去浪漫，索然无味。正如一位女士所说的那样："当我有需求而他照做时，我的脑海里全是：'哦，现在他正在按我说的做，我最好有所回应。'"一些人觉得很难用一种不含批评意味的方式提出要求："我担心如果我提出要求，他就会觉得我对我们的现状不满，觉得自己不被欣赏或受到责备。"还有一些人觉得他们应该已经知道对方的需求，不需要再问，或者对方应该已经知道自己的需求，不需要再告诉他们。

我采访过的伴侣似乎本能地知道，必须为满足自己的性需求负起责任，即使这很难做到。他们并不觉得伴侣不需明说就能解读自己的心思。萨拉提出：

> 我认为性方面的交流需要很多信任。如果我信任蒂姆，知道他会告诉我他想要什么，并且在他不想满足我的要求时也会拒绝我，那么我就可以毫无负担地提出所有要求。但这一切成立的条件是，我相信蒂姆会满足他自己的需求。但如果他对我想要的一切都全盘接受，然后心中暗暗希望我能猜到他喜欢什么，那么我就不得不担心是不是我提出了太多要求，或者我做得不够多，不能满足他的需求。为了照顾我的需求并且不感到愧疚，我必须相信蒂姆会照顾好自己的需求。

珍妮特和卡尔会在日常进行"性对话"。每当任意一方想提出要求或者只是想谈谈性生活时，他/她就会宣布：“让我们进行对话吧。”他们早已经明确了一条基本规则：提出新要求并不意味着旧方式出了什么问题。这样他们就不会产生戒备心或觉得受到责备。

科里和卢则习惯给对方写信，因为有一次他们分开了4个月，在此期间他们非常享受写信给对方。他们有时候会在信中写一些关于性的内容，包括性请求、表示欣赏的话、分享性幻想等。

你的伴侣可能永远都无法猜出你在性方面喜欢什么。如果你想让自己的需求得到满足，找到提出性需求的办法十分重要。幸福伴侣表示，性方面的良好沟通增进了性快感和亲密感。

最美妙的性爱是给予和接受的平衡

当女性可以完全放开自我，享受愉悦感，男性可以完全投入，给伴侣带来愉悦感时，性爱是最美妙的。

但对大多数女性来说，只有感觉自己也给了伴侣足够的愉悦感，才能坦然地享受性爱。当然，男性也喜欢放松下来，享受女性给予的愉悦感。所以最终给予和接受是平衡的。我发现大多数幸福伴侣会在几周或几个月内“累计得分”，而不是只针对某一次性爱。他们表示，他们之间很少出现问题，因为他们都很公平，并且注意保持平衡，享受互相给予和接受。厄尔说：

> 我认为我们之前从未讨论过性方面是否平衡的问题，也从未遇到

过这个问题。但既然你提到了，我认为过去一段时间里，我们确实都有给予和接受——有时是同时，有时是先后。有时我们会实行一种模式，一段时间后再切换到另一种……不过，可以说，我很喜欢卡伦主动提起性需求。虽然这不经常发生——不过次数已经足够了。但我真的很喜欢，这让我产生了很多激情。

和我交谈过的幸福伴侣并不担心无法平衡性方面的给予和接受，他们似乎能自然而然地达到平衡。他们都认同这种平衡的重要性。

寻求享受性生活的方法

和谐相处的幸福伴侣不会让不满在他们之间长时间“滞留”，而是会去解决问题。在他们看来，性不是一种武器或象征。他们不会因为生活中其他方面的不满没有发泄出来而拒绝性爱。

他们渴望满足伴侣的需求，就像渴望满足自己的需求一样。他们互相理解、互相接纳和合作。他们不会责备或评判对方，而是会保持交流。他们关注自己的性生活。

正是他们之间的善意和公平意识能够让他们很好地平衡给予和接受，交流性方面的现状，即使他们觉得这并不容易。

实验 26　说出你的需求和顾虑

1. 抽出 1 小时和伴侣进行交谈，讨论本章中提出的要点。

2. 给伴侣写一封关于性生活的信，写出自己喜欢的所有事情，说出所有的顾虑，提出所有的要求。面对伴侣读出信的内容，进行讨论。

最了解你的性快感的专家是你自己。如果某篇文章建议你探索一种新想法，从而获得乐趣，然后由你决定接受或拒绝它，那很好。但如果你阅读或听到的信息让你感到不安，你只需相信，在这方面，你比其他“专家”更权威（因为你本身就是一个专家）。在脑海中写下自己的文章，幻想读者接受你的建议，采取你和伴侣的方式后，就能享受美妙的性生活。

你完全可以拥有美妙的性生活——如果你把现状定义为完美的话。我希望你和你的伴侣一生都能按照适合自己的频率，享受有趣、放松、亲密、充满激情的性爱。

第十章

愉悦感：保持对彼此的激情

你相信伴侣能在多年的关系中保持激情和兴奋感吗？

从我多年前开始研究伴侣关系以来，我一直对这个问题的答案很感兴趣，我持续记录着这些伴侣的回答，有 85% 的人给出了否定回答。以下是一些典型的答案：

激情和时间无法相容，真正的激情无法长久。最初的激情无法永远持续下去。这是人之常情。

当你坠入爱河后，你会开始透过玫瑰色眼镜看世界，一切都令人激动。然后，兴奋感消退了，生活陷入了常规。蜜月过后，你再也没有那种感觉了！相反，你必须开始处理彼此之间所有的冲突和失望。

在一次闲聊中，一位结婚 28 年的女士告诉我：

> 我觉得我的丈夫很好，我们的生活也很好。我们有各自的生活，每周会一起玩桥牌。但我们很少做爱。我不觉得自己“在恋爱中”。这种恋爱的感觉已经消失好几年了。一切都没什么问题。我不会离开他。我只是觉得这就是婚姻，毕竟，没有人能在婚后 28 年仍然保持激情。

幸福伴侣并不认同以上这些观点。他们喜欢谈论对彼此的爱，描述在一起的兴奋感。他们深爱着对方，彼此之间仍然有火花。他们会滔滔不绝地谈论着彼此，有时候他们表现得像新婚伴侣一样。玛丽和韦斯告诉我，他们最近一次坐飞机时，空乘人员给了他们免费的香槟酒，因为她以为他们正在度蜜月。

当然，幸福伴侣并不总是生活在极度兴奋的状态中，他们也有起起落落。他们的关系也经历过疏远期、冲突期和平淡期。但我采访过的幸福伴侣都表示，他们仍然对彼此的关系感到兴奋，并且会定期重温一开始的激情和亲密。

可以肯定的是，幸福伴侣在多年关系中保持的激情和两个人初次相识时的迷恋并不一样。但人们普遍认为，性爱和浪漫的激情必然会随着时间的推移而消退，这种说法是错误的。

在本章中，我们将先审视迷恋的本质和它在爱情中扮演的角色。然后我们将看看伴侣从“云端”回到日常世俗生活的过程。

从完全痴迷于爱情的崇高境界过渡到另一种境界总会经历一些损失。

伴侣对经历这种过渡准备得越充分，他们就能处理得越好。在本章中，我们将研究幸福伴侣持续多年的激情质量。我们将看到，许多伴侣会刻意为自己营造“激情体验”。最后我们将看到，伴侣中一方的激情会如何影响另一方，影响他们的生活和周边的其他人。我们也会看到当他们被伴侣以外的人吸引时，他们会做些什么。

蜜月期

爱情带来的兴奋感就像一种天然的成瘾药物。事实上，我们现在知道，这种兴奋感之所以像成瘾药物，是因为被另一个人深深地吸引会使得我们体内的激素和化学物质发生变化。当两个人相爱时，所有的生活规则都会暂时失去作用。对彼此的痴迷浓烈到无法控制，甚至会让爱人忘记了工作或其他任何责任，身体一直处于兴奋状态，享受着对方的存在。

恋爱是一种特别美好的体验，是大自然赐予的一份礼物，是一种能让我们持续体验到“快感”或享受“激情体验”的活动。

那么，难道大自然欺骗了我们吗？难道迷恋只是一个残酷的玩笑，最终总是会消失殆尽？

不。虽然迷恋只是暂时的，但它的短暂性并不会让它失效。萧伯纳指出了这种观点的荒谬性：“当两个人沉浸在最热烈、最疯狂、最虚幻、最短暂的激情中时，他们将发誓永远停留在那种兴奋、异常、疲惫的状态中，直到死亡将他们分离。”

这段充满祝福的时期除了是一种绝对美妙的经历外，还会给即将一起开启人生旅程的伴侣带来什么样的收获呢？它的不良后果又是什么？

迷恋给我们带来了许多好处。首先，它让我们得以一瞥“天堂”。

坠入爱河就像搭乘一列通往山顶的齿轨小火车，你有机会看到山顶的风光。当你看到那儿的景色后，你就知道那儿有多么美，你的生活将就此改变，因为你现在知道你可以回到那里。

当你攀登生命的山峰时，你只能看到自己爬到的最高点以下的风景，永远无法知道更高处的风景是什么样的。但如果你乘小火车到过山顶，虽然你还没有爬上去，不知道如何凭借一己之力到达那里，但你已经看过山顶的风景，知道到达那里是有可能的。因此，如果你是一个想要充分体验生活的人，当你一览高峰后，你就会找到办法凭着自己的力量回到那里。

爱情所带来的狂喜的最大的作用之一是对你的激励，它通过爱让你萌生了获得终身幸福的渴望。当生活的面纱被揭开，你看到生活的本质时，这就是你需要的动力。坠入爱河是大自然引诱你建立关系的方式。当你受到这种诱惑后，你就有动力留在那里。因为爱情不仅给你带来了巨大的财富，而且会让你的“问题”“麻烦”，或者正如我们在开展女性性学研究小组时所说的那样，让你的“素材”从休眠中“苏醒”。新的关系将带来新的挑战，应对这些挑战，你需要极大的动力。

正如我们从这本书描述的幸福伴侣身上学到的那样，成功应对新关系中出现的挑战的秘诀是，不要把挑战视为问题，而是把它们视为有意义的成长和学习机会。你需要冲突、问题、困境、差异才能收获个人和关系的成长。庆幸的是，关系最初的狂喜为你们创造了一条坚固的情感纽带，为你们提供了应对挑战所需的动力。

当然，迷恋的坏处是，你很容易爱上一个不适合做终身伴侣的人。人们通常会从直觉中获得强烈的信号，但被丘比特的箭击中后，他们常常选择忽略这些信号，冒着给自己造成极大痛苦的风险，毅然选择迷恋。仅是迷恋是无法构成终身爱情和伴侣关系的坚实基础的。

蜜月期的结束

蜜月期会不可避免地结束。爱情带来的“头晕目眩的”幸福、激情澎湃的兴奋感和欣喜若狂的愉悦感无法持续太久，因为它与取代它的那种深沉而长久的热情不一样。虽然迷恋的状态在当时看来很吸引人，但我们不可能在这种狂热中度过一生。即便如此，我们也无法轻易地舍弃迷恋，因为它的离去几乎总是伴随着失望、悲伤和哀悼。而且，当你看过“天堂”后，地球看起来比以前更平凡了，你就更难放手了。你曾经觉得自己完整了，而现在又看到了自己的“残缺”，你曾经觉得生命中的空白被爱人填满了，而现在看到它们仍然还在，你又跌回了现实，必须自己去填补这些空白。

而且，你还可能对幸福上瘾，无法抽离。

但在关系初期有过迷恋的幸福伴侣谈论得更多的是他们从这段经历中得到了什么，而不是失去的痛苦。一方面，他们会永远保留这段彼此之间的甜蜜回忆，它是任何人都无法夺去的小宝藏。美好的回忆是内心世界的重要组成部分。它能帮助你树立良好的自我感觉，定义你的身份，并让你变得独特。

更重要的是，伴侣的蜜月期体验正是他们独特的且共同拥有的一部分。这段历史中没有其他人的存在，只有他们两个人，只有他们知道那是一种什么样的感觉。过去澎湃的激情是他们可以在接下来的一生中不断汲取的灵感、动力和持久的爱。

他们内心的热情已经被唤醒，或被提升到一个新的高度。他们的身体已经完全放松，可以尽情地体验快乐。这种觉醒将蔓延到生活的其他方面和其他人身上。因为当你感受到的激情越热烈，你就越有能力去感受。

因此，幸福伴侣允许自己哀悼失去的东西，但也会品尝自己收获的果实。

米歇尔向我诉说了她的经历：

> 当我遇到康拉德后，我发现他是一个情感充沛而且愿意与我亲近的男人，这让我欣喜若狂。但我一直觉得他太好了，好得让我觉得一切不真实。我一直要求他向我保证他永远不会变。在一起6个月后，我们一起参加了一个瑜伽静修班。那里的环境非常优美，我们一起度过了许多休闲时光。当时，我希望我们能利用这段时间亲近彼此。康拉德很享受，但他有点儿心不在焉，他想要阅读和放松。我表示他似乎有点儿疏远我，太专注于自己，他就生气了。他说我想得太多，他全心全意地爱我，我们可以一起放松。这件事让我很惊讶。
>
> 我不喜欢这种转变。我喜欢婚前热恋的感觉。虽然我知道一切都会归于平淡，但我总是想，还没到那个时候，还没到。我感觉到了这种信号，即使我不认同康拉德的想法，我的内心也已经决定表现得好像他是对的。我想我并没有太多选择。我觉得很难过，但我

也决定了开始放松和阅读。你猜发生了什么？到了周末，我们达到了一个新的亲密高度。我们一起沿着山间溪流散步，度过了田园诗般的一天，这种感觉就好像在天堂一样，而那个夜晚，我们的性爱也达到了一个新的高度。

想要紧握美好事物是人类的本性。但人生的悖论在于，你越是不顾一切地紧握自己想要的事物，你就越可能失去它。知道何时以及如何坦然地放弃一些无论如何也无法长久的事物，是一个人成熟和自爱的标志。在这方面，没有人比威廉·布莱克说得更好：

若抓住欢乐不放，
便会毁灭展翅的生活；
若亲吻转瞬流逝的欢乐，
便会生活在太阳永恒升起的时刻。

幸福伴侣是懂得亲吻转瞬流逝的欢乐的人，他们放下了不能拥有的事物，专注于关系中的丰富多彩。他们没有抓住幸福不放，而是让它渗透到生活中。虽然和我交谈过的伴侣处于不同的境遇中，但他们都过着热情四溢、收获累累的生活。因为他们没有紧紧抓住激情不放手，而是相信激情就在生活中。

我认识的一位婚姻治疗师向我讲述了一对伴侣的故事。在咨询过程中，妻子琳达不停地说自己多么希望从丈夫吉姆那里得到更多的爱，而吉姆则一直表示自己太疏忽了。最后，治疗师说："我可能需要表明我的立场。琳达，我认为吉姆需要一点儿空间，我建议你暂时不要再说自己的需求了。”琳达同意了。那一刻，吉姆抓住了她的手，微笑着谢谢她，琳达感觉心都被融化了，这是一段时间以来他们最亲密的时刻。

放弃你非常想保留的事物似乎是一项不可能的任务——因为你真的很想要它。如何才能假装自己不想要呢?

秘诀是:不必放下对它的渴望，只需放下你因为它产生的焦虑。放轻松，相信无论事情如何发展，都会是“正确的”或好的结果。坦然放弃狂热的爱情的第一阶段,让自己优雅而安静地进入下一阶段。哀悼失去新恋情的“激情体验”是人之常情。允许自己体验悲伤，但也要记住，当你关上一扇门并继续往前走，你就能发现新的天地。继续走吧。幸福伴侣知道，最好的还未到来。

徐徐盛开的蜜月期

“蜜月期不会凋落，而是会继续盛开！”

有一天，在和几对伴侣讨论完激情的话题后，我这样告诉迈耶：我想到了小时候家里前院种的玉兰树。每年春季在叶子发芽前，树上都会长满美丽的花蕾。我经常仰着头看那些亮粉色的花蕾，观察蓝天下被花蕾压弯的树枝，花蕾含苞欲放，等待着盛开的时机，那是一个壮观的景象。但在有些年份里，迟来的冰霜会把一切都毁了，花蕾被冻伤，变成褐色，然后凋落。这对满怀期待的我来说是一个巨大的打击。但在大多数年份里，这些花蕾还是会盛开成鲜艳的花，开花的玉兰树一片壮观，很多人甚至会驾车前来观赏。

人们对蜜月期有一种常见的刻板印象。他们认为蜜月期结束后爱情就会枯萎或凋落——就像某一年被迟来的冰霜冻伤的花蕾一样。但蜜月期之所以令人兴奋，正是因为它蕴藏着巨大的潜力。当蜜月期结束后，它不会凋落，而是会盛开成蕴藏潜力的花朵。处于短暂的花蕾期的花朵随时准备着盛开。盛开期的花朵却是自由而放松的，它们无须决定或做任何事，而是静静地欣赏着自己的美丽。

我采访过的幸福伴侣就像盛开期的花朵一样享受着他们的美妙生活。他们的热情没有褪去，而是逐渐盛开成舒适而放松的爱情。这些伴侣已经习惯了快乐的感觉。

飞机起飞时的耗油率是最大的，但起飞本身不是目的，目的是让飞机达到巡航高度。巡航是旅程的重要组成部分，这个过程需要另一种能量来让飞机保持平稳匀速的飞行，并时常进行微调以保持航向。幸福伴侣知道，热烈的迷恋只是他们共同旅程的开始而已。

如果一段关系最初的激情不会消退，而是会转变成一种长久的热情，那么这种热情的本质是什么呢？

人们普遍认为，关系中的热情无法持久，那么幸福伴侣是如何看待这种观点的呢？

朱莉：“让我来给你描述一个周六的早上，然后请你判断这是不是激情。那一周，我们都很努力地工作。周六早上，我们睡到自然醒。然后我们躺在彼此的怀抱里，感到完全的安全、满足和平静。我们甚至不用说些什么。最后我们决定出门吃早餐，讨论一篇我们打算一起写的文章，我们都对此感到非常兴奋。迷恋和沉闷乏味的日常生活之间还有一片巨大的疆界，而我们就生活在这片疆界里。”

艾丽斯：“身体的接触——拥抱、牵手等让我们感觉很好，就像抱着婴儿那样令人愉快。我从来不会厌倦拥抱布拉德或让他牵着我的手或亲吻。我和布拉德相互扶持，在此之前，我从未意识到婚礼上说的‘相爱相伴、相互扶持’就是字面上的意思。”

卡伦：“我认为人们觉得自己失去了激情，其中一个原因是他们在表达激情方面词穷了。过了一段时间，你觉得自己说过太多次的‘我爱你’后，这句话就变成了一种例行公事。但我们总能找到办法，我们会具体地告诉对方自己喜欢他/她身上的什么，更会加上肢体表达。这样一来，表达和倾听‘我爱你’这句话就会一直是一种享受。”

艾德丽安：“有时我在洗碗，克伦会走到我身后抱住我，亲我的脖子，我觉得这是最浪漫的时刻。”

萨拉：“当我想到激情，我就会想到极致的温柔，轻轻的、温柔的抚摸。蒂姆让我觉得自己很特别和珍贵。读《廊桥遗梦》时，我并不羡慕故事里的人物，因为我和蒂姆可以给彼此那种感觉。我记起了书中的一句话：‘在一个摇摆不定的宇宙中，这样的爱只发生一次，绝不可能有第二次，无论你活了几辈子。’”

马蒂：“我们对彼此充满热情，因为我们对自己的生活充满热情。我认为热情不会只体现在一个方面。如果我们对自己的工作感到厌倦，那么我们就可能对彼此感到厌倦。如果没有和汉娜分享工作上的一切，我也不会对工作充满热情。当然，我们也有过舒适满足的平淡时光，但我觉得没有人会厌倦亲密、安全和平静的感觉。”

马蒂说得对，热情通常不会只体现在某一个方面。人生中最能点燃激情的两种体验是爱和创造力。爱能够激发一个人的创造力，而任何成功的创造力体验带来的快乐都能够强化和激发爱的感觉。和我交谈过的许多幸福伴侣都是极具创造力的人，这并非巧合。他们的创造力和爱点燃了激情，当伴侣试图描述他们之间的激情时，他们会提到以下这些主题：成为彼此最好的朋友并一起参加各种活动；分开一会儿后再次见到对方的喜悦；迫不及待地想和对方分享某些消息；喜欢；身体的亲密触碰和拥抱；性爱；一起放松；越来越了解对方；关系中的花样和变化；彼此之间和渗透到生活其他方面的激情。总而言之，他们喜欢彼此之间拥有的一切，甚至无法想象自己会感到厌倦。

激情可能意味着冲动、刺激、极度愉悦的感官体验、令人激动、充满活力的各种想法或者强而有力的感觉。幸福伴侣喜欢这些体验，他们相信这些感觉可以持续下去，并且承诺共同努力来维持生活中的激情，让最初促使他们走到一起的激情继续开花结果。

保持激情

每个人都想知道在关系中保持长久激情的秘诀是什么。我们经常听到的答案是：

- 关注关系，专注你所爱的。
- 交流，和对方共度时光。

- 始终坦诚所有的真相，不隐瞒事实或感受。
- 用鲜花、便条、浪漫的晚餐、礼物等给对方惊喜。
- 计划周末出游。

这些建议都很合理。幸福伴侣自然会接受它们，而那些失去火花、将对方视为理所当然，或者彼此之间怀有敌意、产生距离的伴侣可以利用它们来恢复交流，让激情再次流动。

不过，激情其实来自内心深处，并且当激情燃尽时，不能像寿命已尽的灯泡一样替换成新的。关注激情，从而重燃或维持激情，这种方式的效果十分有限。幸福伴侣能够保持激情是因为他们彼此相爱，热爱在一起的生活。

因此，如果你真正渴望激情并且相信保持激情是可能的，那么维持激情真正有效的办法是培养你对伴侣的善意；致力于提高相处时光的质量，培养新鲜感和活力感；努力划清界限，提高沟通技能；更多地表露自我，增强亲密感。把注意力放在伴侣身上，想想如何才能更爱他/她？怎么做才能化解你们之间的分歧？把注意力放在关系上，想想为了让你们都快乐，为了让你们对所拥有的一切感到满意，你能做出什么样的改变？

幸福伴侣不需要维持激情的公式。他们关注关系，尤其是积极的那一面。他们互相坦诚，经常交流和共度时光，但这并不是他们维持激情的技巧，而是他们已经体验过激情的结果。这些行为反过来会培养和增强他们的激情。

洋溢的热情

正如我们在前面看到的那样，幸福伴侣对彼此的热情并不只局限于两个人的小世界。如果他们对彼此充满热情，那么他们通常也会对工作、爱好、生活及其他人充满热情。他们的热情在其他方面的表现形式是什么？

使命感

幸福伴侣认为自己有责任把得到的祝福传递给周围的人，因此他们对工作、孩子、友谊、奋斗目标同样充满热情。他们觉得自己有责任积极地影响周围的世界，同时也有一种用热情改变周围环境的使命感。

一段幸福的关系就像蓄水库。爱、相互支持和善意的溪流汇入水库，水库就被注满并溢出，为其他需要的人提供滋养。这个话题在我的采访中多次出现。正如一位专业的演讲者所说的那样：

> 有时我的妻子是我热情的焦点，但更多时候，她是我热情的源头。因为她的陪伴，我在这个世界感到安全，并且受到了鼓舞，能够热情地投入工作。她真的激发了我的创作灵感。

如果爱情只关注自己，那么它很快就会枯萎。热情的本质在于，它就像一条奔流不息的大河，不断扩张、成长、溢出并冲出周围的世界，滋养所有它接触到的事物。对爱情和工作充满热情的人的存在会唤醒周围人的热情，热情是有感染力的，强烈的感受会激发更多强烈的感受。

对婚外情说“不”

我采访过的许多幸福伴侣都表示，婚外情从来不会出现在他们的关系中。我经常听到这样的评论：

> 这个问题永远不会出现。
>
> 我们从来没有讨论过这个问题，但我相信我们对它的回答是一样的。
>
> 我们对彼此完全忠诚，不是因为我们“约定”好了，而是因为我们彼此相爱。
>
> 我们两个人都不会多看其他人一眼。

其他伴侣则认为，能够彼此坦诚自己对其他人的感觉是关系稳固的标志。科里说：

> 如果我遇到某个优秀的异性，我也会很欣赏他。但我不会做任何让自己后悔的事情，我不会对别人发出暧昧的信号，也清楚自己的界限。

和我交谈过的幸福伴侣能够感受到彼此热情而美妙的爱意。他们渴望彼此，对彼此充满热情、深情以及各种强而有力的激情。幸福伴侣对他们的关系充满信心。

实验 27　伴侣之间如何维持长久的激情

1. 你相信伴侣可以在多年的关系中保持激情吗？写一段话回答这个问题。

2. 给你们关系的“激情水平”打 1~10 分，10 分代表最高水平。和伴侣分别打分，然后进行比较。

3. 如果你们打的分数低于 6，一起进行头脑风暴，想出一些影响关系中激情水平的因素。

4. 一起进行头脑风暴，想出一些促进关系中激情水平的因素。（运用第七章末提到的任一技巧会给你们开个好头。）

5. 如果你们打的分数高于 7，一起讨论，最近一次“激情体验”是什么时候？如果你们想马上再有一次这种体验，你们可以做点儿什么？

复习幸福伴侣的八大特质

当我第一次见到利兹和她的丈夫特德时，利兹已经怀孕 4 个月了。她希望特德和她一起上分娩课，但特德不愿意。他工作上的朋友说，这种课程毫无意义，而且男性在这种时候也没什么可以做的。

几周后，我发现利兹和特德身上展现了幸福伴侣的大部分特质。

他们非常渴望并且相信可以和彼此发展一段幸福关系——这是他们找我谈话的原因。特德提到了他认识的一对一直争吵的伴侣，并表示他很清楚自己不想像他们一样。他对利兹全身心地投入。当他看到她不开心时，他觉得很无助，所以他决定寻求帮助。

许多不幸福的伴侣会因为同一件事反复争吵，因为他们想要变得快乐的愿望不够强烈，不足以激励他们寻求帮助。他们常用的借口是："我们可以自己解决问题。我们不需要一个客观的第三方。"但他们最终往往没能解决问题，因为他们不知道该怎么做。相反，他们学会了忍受问题。

特德和利兹显然是真心相爱的。特德之前经历过一场不愉快的婚姻，因此他非常庆幸能和利兹在一起。另外，他们愿意抽出必要的时间完成我建议的家庭功课——虽然他们都有工作，而且有时亲戚会到家里拜访，常常都非常繁忙。

不幸福的伴侣则会想方设法地推迟解决问题。他们可能会想："等我们有时间了，我们就会解决这个问题。"但他们永远都不会有这样的时间。

当我鼓励利兹告诉特德自己的需求并解释为什么这对他很重要时，她只是提出了自己的要求，但没有责备特德。她似乎也明白特德的观点是合理的。然后，还没等我提示，特德就回应她："我能看出来这对你来说意义重大。"他们的对话极好地示范了什么是增进关系的沟通。在说明自己不想参加课程的原因前，特德先对利兹表示理解。

不幸福的伴侣总是先捍卫自己的立场，他们可能永远都不会真诚地倾听或承认对方的感受。

特德和利兹对彼此有着巨大的善意，这在我们的讨论中是显而易见的。特德想找到让利兹快乐同时不让自己感到不舒服的办法，而利兹后悔自己提出了一个让特德为难的要求。他们都没有表现得自私或不考虑对方的感受。

不幸福的伴侣有时候会牺牲伴侣的需求来满足自己的需求。

利兹有着非常清晰的界限。她似乎很清楚，“解决”特德的不舒服并不是她的工作，她不会放弃自己的需求来默许特德的不情愿，而是会坚持自己的想法。

如果处于这种情形下的是不幸福的伴侣，妻子可能已经屈服于丈夫，但仍然觉得失望和愤怒。她会向自己的母亲和朋友抱怨丈夫多么自私，得到肯定的回应，然后丈夫和妻子之间就会筑起一堵墙。

最后，正是特德的好奇心——以及他对这段关系的承诺——解决了他们的困境。在和一些参加过分娩课的男士交流后，特德开始觉得，虽然这对他来说像是一场大冒险，但如果他不参加，他可能会错过一些非常美好的事。最后，他决定不要错过。他同意参加课程，过后再决定是否要参与分娩过程。这个计划让利兹欣喜若狂。

不幸福的伴侣往往会采取“安全”的选择。他们宁可选择待在舒适圈也不愿冒险，他们在挑战和机会面前会退缩。

特德和利兹用幸福伴侣的思维解决了这个问题。他们认为两个人要么都开心，要么都不开心。任何一方都不能自私自利或脱离对方独立存在。解决问题时，他们能够和彼此分享所有的感受——不论是失望、受伤还是恐惧——这让我看到了他们的信任和亲密。

不亲密的伴侣无法分享感受，即使面对的是同时影响两个人的事情时，他们也会独立思考和行动。他们独自承受着痛苦，对彼此怀有怨恨，而这种怨恨进一步阻碍了彼此的分享。这些隐瞒的负面情绪让他们难以在各个方面放开自我接受彼此，从而扼杀了激情和轻松、舒适的相处。

解决问题后，特德和利兹能够看到他们之间的冲突和愤怒是分歧的结果，而不是像他们害怕的那样，意味着他们不再相爱或将会变成一对总是争吵的伴侣。当他们知道自己有能力解决难题，并且能够再次亲密和体验激情时，他们感到极大的宽慰。此外，特德也明白，不要因为恐惧而拒绝。虽然他会害怕，但他仍然可以采取行动。他也看到自己有勇气面对问题，而不是以牺牲利兹的幸福为代价，用自己的方式来解决问题，这让他对自己有了新认知。从直面问题并解决问题的经历中，特德和利兹都获得了正确看待事物的宝贵视角。

不幸福的伴侣长年累月地忽略或忍受问题。他们永远不会知道，如果你不试着解决问题，你就无法看到问题的解决方案。如果你愿意面对和经历困难，美好时光就会随之而来。

读完特德和利兹的故事，你是否产生了共鸣？

以下这个实验让你有机会思考你和伴侣之间是否拥有我们提到的特质。

实验 28　幸福伴侣的基本特质

步骤 1：在笔记本页面左侧列出以下这些幸福伴侣的基本特质：

渴望幸福

相信我们在一起会幸福

努力创造我们的幸福

善意

关注伴侣和关系的积极方面

感恩我们能够在一起

接受彼此本来的样子

信任和尊重

慷慨

珍惜共处时光

珍惜活力感

保留界限

相信苦尽甘来

相信直面问题会让我学习和成长

先倾听和承认伴侣的感受

告诉对方我的需求

尊重我们的性别差异

经常肯定伴侣

和伴侣分享感受，特别是难以启齿的个人感受

接受彼此的性偏好

主动点燃激情

步骤 2：在清单右侧划分两列，把第一列标记为“以前”，第二列标记为“现在”。

步骤 3：明确你和伴侣现在存在的问题或分歧或遇到的挑战。如果你无法准确回忆起某个特质的具体内容，请查阅描述该特质的章节。在第一列中用字母 A 至 F 给自己打分，A 代表表现得非常好，F 代表非常不好。然后用不同颜色的笔给伴侣打分。

不要把这个实验看得太重。也许没有伴侣可以得到全 A 的分数。如果你在某一个特质上表现得特别不好，这并不意味着你的生

活或爱情失败，只是意味着某个方面有待改进。

步骤 4：了解幸福伴侣的表现后，和伴侣至少花一个小时谈论你们之间的问题、分歧或挑战。

步骤 5：在第二列中，就刚才的谈话给自己和伴侣打分。

如果你们像参加过研讨班的伴侣一样完成了这个实验，你将会看到某些方面有显著的改善。同时你也会知道，如果你们想要成为真正幸福的伴侣，还有哪些方面有待改进。正如我在本书开头所说的那样，这种渴望就是幸福的开始。

第十一章

如何营造幸福的婚姻

在本书的调研过程中，我询问母亲她和父亲维持56年美好婚姻的秘诀。她毫不犹豫地回答说："我们成功的秘诀在于我们结婚于旧时代。"

母亲对我们现在在婚姻中遇到的问题感到震惊，这些问题在她那个时代从来都不存在。两个人选择离开大家庭自己住，伴侣双方都全职工作和参与育儿，这些想法在她看来都是不可思议的。科技（本应该赋予我们更多休闲时光）让生活节奏加快；大多数家庭面临经济压力；对"亲密"的期望进一步提高；传统的性别角色也在发生变化。当今的伴侣应当如何应对问题，营造丰富多彩的爱情生活？男性和女性一样，都需要思考这个问题。

营造幸福婚姻是一项挑战，因为会有各种"顽固"的障碍阻挡我们的道路。重要的是我们要正视这些挑战。因为当你着手建立自己的幸福婚姻时，这些都是你必须面对的阻碍。这些阻碍大多数——但并非全部——源于你的内心，并且是在你能力范围内可以改变的。有些是外部施加的阻碍，你必须正确认识它们，然后寻求办法克服和采取行动，因为它们不会自动消失。幸福婚姻有以下这些障碍：

- 深刻的心灵创伤，通常是童年时期留下的（由外部因素引起，现在已经成为内部因素）。
- 不恰当的期望（内部因素）。
- 离婚的压力（外部和/或内部因素）。
- 文化价值观（外部因素）。
- 冷漠（内部因素）。

深刻的心灵创伤

家庭背景在每一段关系中都扮演着重要的角色。幸福伴侣的共同点不是都来自“正常”的家庭，而是他们都通过某种方式和过去和解，没有被过去束缚。他们意识到自己不一定有能力改变受父母和兄弟姐妹关系影响的一些根深蒂固的消极信念和行为模式，但是他们已经非常熟悉这些消极信念和行为模式，因此当他们在自己的婚姻中发现它们有萌芽的迹象时，他们就能做出选择。

关于婚姻的心理理论比比皆是。其中一个理论是，如果女性的结婚对象同时拥有父亲的正面和负面人格，或男性的结婚对象同时拥有母亲的正面和负面人格，那么他们潜意识里希望自己的结婚对象能够完成父亲或母亲未能完成的事。例如，如果你的父母常常拒绝你的请求，那么你可能会和一个同样常常拒绝你的伴侣结婚，这样你就能从他 / 她身上赢得渴望已久的肯定。

另一个理论是，你内心中有一个理想情人的形象，你会把这个形象投射到一个真实存在的人身上，然后和他 / 她结婚。但最终你会发现，你的伴侣并不是你心目中理想形象的化身，而是一个拥有自己独特个性的真实的人。人们普遍认为，一个人的基本人格在童年时期就已经形成，并且会把对监护人的反应一直保留到成年。例如，如果你的母亲常常冒犯你的隐私，你很早就学会了如何保护自己的隐私，那么你现在可能仍然无法允许任何人接近自己。如果你的父母离婚了，你现在可能仍然害怕被遗弃。如果你的父母虐待你，你现在可能会害怕亲密关系，因为你把它与疼痛联系起来。如果你的父母酗酒，家庭混乱，只能靠你维持秩序，那么你现在可能希望自己能完全掌控一切。

这些理论都有道理。哪种理论能帮助你更深刻地认识自己当前的信念和行为模式，你就应该运用哪种理论。以下这些简单的问题可以帮助你把这些理论应用到生活中：

- 我现在（或过去）对父母的感受和行为是什么样的？这些感受和行为是否反映在我对伴侣的想法和表现上？
- 我理想中的伴侣形象是什么样的？我的伴侣是否符合这个形象？哪些方面符合或不符合？
- 我主要的人格特征是什么？我能把这些归结于我成长过程中的家庭情况吗？

也许你能从这个人格起源研究中得到非常深刻的见解，但如果你没有下定决心采取行动，研究本身并不能帮助你摆脱不良行为。你无法改变自己的过去，但如果你有改变的意愿、成功的信念和持续的投入，你就能克服过去带来的不好影响。

下定决心认识并克服过去的心灵创伤需要很大的勇气。揭开童年的旧伤口是痛苦的，而改变这种根深蒂固的态度和行为需要恒心、耐心和爱你的人给予的支持。也许你会认为过去的创伤是他人造成的，所以你唯一的选择是听凭它的摆布，让它们继续存在于生活中。但如果你选择接手掌控自己的生活，你就更可能收获幸福的婚姻。这也意味着你必须认识并克服阻碍你和伴侣获取幸福的旧创伤。

实验 29　克服过去的心灵创伤

回答本节中（第 275 页）的三个问题。先在笔记本上写下自己的回答，然后询问伴侣的答案并对比你们的回答。

不恰当的期望

你的期望会极大地影响体验的质量。

思考一下：如果你期望得到 50 元，但实际得到了 500 元，你就会很高兴。但如果你期望得到 5000 元，但实际只得到 500 元，你就会不满。同样都是 500 元，发生改变的只是你的期望。我们都对婚姻应有的样子抱有期望，会根据这些期望衡量我们的体验。获得幸福婚姻的一大要素是明确你内心深处对婚姻的期望，让自己摆脱这些期望的影响。也许你应该做的不是改变婚姻或改变伴侣，而是改变自己的想法。如果你能改变自己的想法，你就能改变自己的体验。

刚搬到加利福尼亚时，我和当时的丈夫住在一间小小的公寓里。他已经被自己心目中的学校录取，而我却被第一志愿的学校拒绝了，只能上第二志愿的学校。我还很想在美国计划生育联合会得到一份工作，但却败给了其他人，因此我心灰意冷。

一天晚上和朋友聊天时，我叙述了我们决定搬到加利福尼亚的整个过程。这次搬家对我来说像是一个梦——一个我觉得不会实现的梦。但我们还是成功了！那天晚上躺在床上，我和自己玩了一个游戏。我想象自己还住在纽约，想着搬到加利福尼亚。我开始规划梦想的细节："我们将在伯克利最活跃的社区中心找到一个便宜的小公寓。我们都去上学，和两所学校的同学交朋友。我可能会被想要的工作岗位拒绝，但这样一来我就有更多时间写作。我会发表一些作品。我们几乎每周末都会有时间去门多西诺、大苏尔、纳帕谷、黄金乡村、塔霍湖等地方游玩。"我继续幻想着——仿佛这是未来的一个梦——但现在我已经拥有了这一切。我的心态发生了巨大的转变。我开始因为自己拥有的感到兴奋，而不是因为自己没有得到的感到沮丧。

试试这个游戏吧。这个简单的小游戏告诉我们改变想法其实可以改变体验。

实验 30　改变想法就能改变体验

想象自己还是 15 岁的年纪，幻想着未来。让你的幻想匹配现在拥有的一切，好像你现在的生活就是 15 岁时渴望的奖励一样。在幻想中纳入一些你现在感到不满的事情，并下定决心解决这些“有待改进的方面”。

如果你对婚姻抱有不恰当的期望，你可能会因此伤害一段本来会十分美妙的关系。让我们来回顾一下几个常见的伤害婚姻的期望：

1. 蜜月期的“激情体验”将永远持续下去。但其实它并不会也不应该持续下去。相反，蜜月期的激情会转化为持续多年的热情。

2. 婚姻会解决我所有的问题。一场美妙的婚姻会赐给你一个美好的伴侣。它会解决孤独感，提供爱的安全感。但也仅限于此。

如果你之前自尊心不强，那么婚姻也不会让你更有自尊心。如果你仍然在寻找生命的意义和方向，那么婚姻也不会为你提供意义和方向。如果你习惯孤独，那么婚姻也无法消除你的孤独。如果你无法找到生命的意义和方向，你的伴侣也无法让你一直快乐下去。

总之，期望伴侣为你提供你本该为自己提供的任何事物都是不恰当的。

婚姻不仅不能弥补个人的缺点或问题，甚至还可能会放大它们。如果你习惯迟到，当你单身时，这种行为只会对你自己造成影响。但当你结婚后，你会让两个人都迟到。同样地，如果你总是大发脾气或抱怨小事，或者时不时缺乏安全感，那么这些倾向会在婚姻中进一步放大。当你和某个人亲密地生活在一起时，你就有更多机会“触发”这些习惯性行为，和你同居的伴侣就更有可能被这些反复出现的行为惹怒。

婚姻不仅不能解决这些问题，还会加剧它们。

然而，我们步入婚姻时常常期望它会成为一种解决一切问题的万能药。如果你抱有这种期望，请放手吧。相反，你应该开始做出自己想要的改变，并请伴侣支持你。

3. 我的伴侣应该满足我所有的需求。大多数已婚伴侣都有过失望的经历，发现自己的伴侣不能满足自己所有的需求。例如："我希望他能爱上跳舞。""我希望她能学会打高尔夫球。""我们看完电影后，他从来不想讨论。""她讨厌招待我的生意伙伴。""要是她能学会开船该多好啊。"

如果我们只期望伴侣能满足我们部分的需求而不是所有的需求，并且认识到让某些需求在婚姻之外得到满足是完全可行的，那么我们就不必经历失望。例如，如果贝丝进行长谈的需求能够在其他地方得到满足，那么威利不能和她进行长达 2 个小时的讨论就不构成问题。但如果贝丝认为她和威利的婚姻是因为他们没有进行长谈而出现问题，他们之间就可能因此产生压力。对贝丝而言，改变自己对婚姻的看法比让威利改变自己的行为更容易，也更恰当。

4. 婚姻会改变我或我的伴侣。一些人潜意识里认为，自己或伴侣在结婚后会变成一个完全不一样的人。因此当他们发觉自己会把“旧我”带入婚姻时他们就会变得失望。伊莱恩有抑郁的倾向，她认为自己的抑郁症和单身状态有关，并且坚信如果自己结了婚，这种抑郁就会消失。但结婚后，她更抑郁了，因为她发现婚姻无法治愈她。只有当她自己能够放下对婚姻的不恰当期望，她才能解决抑郁症真正的源头，并获得长久的帮助。

5. 我可以从婚姻中得到任何我想要的东西。卡拉形容自己在婚姻中是“贪婪的”，这也是我们大多数人的倾向：

> 我目前拥有一段美好的关系，但我并不满足。约翰很爱我，而且他经济情况稳定，承担了所有的烹饪任务，风趣幽默，这让我很高兴。但我希望他能多和我去看电影，喜欢我的家庭，少担心钱的问题以及在新朋友面前不要那么拘谨。我想要一切！

如果你想在婚姻中得到你想要的一切，那么你的期望一定会落空。但如果你能接受你的伴侣，感恩自己拥有的事物，坦然面对无法从伴侣那里得到的事物，那么你们就更可能成为幸福伴侣。

6. 世界上没有真正幸福的婚姻。比不切实际的高期望更可怕的是过低的期望。要拥有幸福婚姻，你必须先相信它的存在。如果你相信自己能够拥有幸福婚姻，你就会有渴望，如果你有渴望，你就会努力实现这个目标。婚姻中的一切都来源于你对和伴侣幸福生活在一起的信念。

离婚的压力

认为自己婚姻中的一切都不完美的人往往都相信自己和伴侣不够般配。他们认为："拥有幸福婚姻的人是幸运的，因为他们找到了真正般配的伴侣。我们的婚姻不幸福，是因为我们不是彼此对的那个人。”或者：“我想要幸福婚姻，但我的伴侣并不想。”

幸福伴侣的确在选择结婚对象时做出了恰当的选择，但他们的关系能够一直给他们带来巨大的乐趣，不仅因为他们般配，而且因为他们一直在努力营造幸福的关系。虽然大多数人认为，幸福伴侣拥有美妙婚姻是因为他们是彼此对的那个人,但其中的因果顺序其实是相反的。他们看起来般配，是因为他们都坚持了维持婚姻幸福的原则：想和彼此发展美好的关系；全心全意地努力维持幸福婚姻；关注彼此的爱；对彼此有善意；确保一起度过充足的美妙时光；知道如何处理婚姻中的冲突和挑战，正确看待事物；重视亲密感。

在不幸福的伴侣身上，这些与幸福婚姻相关的品质和生活原则并不常见。

因此，真正的问题不是“你是否和对的人在一起？”而是“你是对的人吗？”比选择合适的伴侣更重要是的是让自己成为合适的伴侣。

把离婚视为最佳选择的情况非常罕见。如果你早婚或闪婚，或者结婚没多久且没有孩子，你意识到自己当初没有做出正确的选择，只是犯了一个错误，那么离婚也许不会带来重创。如果再给你一次机会，你也许就能做出更明智的决定。

如果你的伴侣对你家暴、卑鄙狭隘，冷漠对待你和你们之间的关系或者无可救药地沉迷酒精，那么早日摆脱这段关系对你自己和家庭来说也许确实是最好的选择。

但除了这些极端的情况外，离婚大多数时候都不是最好的解决方案，虽然它看似简单易行。许多人容易觉得离婚会带给自己成长的机会，能够让自己认识到做错的地方，然后在下一次婚姻中做出不一样的决定。但你必须意识到这点：如果你自己不做出任何改变，你将会把同样的“旧我”带入下一次婚姻，极有可能重复适得其反的模式。如果你做好准备改变自己，那么基于当前婚姻的共同回忆和彼此相爱的品质做出改变，会是更加明智和有利的选择。

陷入僵局的婚姻是个人成长的机会，特别是在爱的理解和体验中成长的机会。如果你的伴侣是理想的完美化身，那么你们的婚姻也许无法触碰到彼此的内心深处。因为你们不会接触到彼此的黑暗面，袒露自己需要被治愈的地方。正是亲密关系的障碍让你们有机会体验到爱的力量，并把爱推向一个新高度。你们对彼此的爱让你们能够治愈彼此的旧创伤，更加爱自己。接受不完美的伴侣是你们可以送给彼此最好的礼物，也是你们给自己带来重要成长经历的一大机会。

幸福伴侣也可能是彼此不完美的另一半，只是他们会全心全意地投入婚姻的旅程中。

在爱情中你需要两样东西：情感联系；解决问题及合作的能力。如果你在你们之间找不到这两项基本要素的火花，那么说明你们的关系有巨大的潜力，你们有潜力打造充满爱意、愉悦、充实的共同生活。婚姻治疗师的资料里随处可见一潭死水的婚姻起死回生的故事。

如果你们曾经拥有过浪漫和快乐的回忆，你就能在自己内心深处找到在乎伴侣的地方。每个人都需要被爱和被滋养。如果你已经停止了爱和滋养伴侣，那么当你重新采取这类行为时，他 / 她的反应可能会让你感到惊讶。请开始把自己看作这本书描述的那种人吧。找到伴侣身上你喜欢的品质并夸奖它们，思考你和伴侣之间的联系。你喜欢自己的家乡，现在仍然熟识的童年好友，或者自己的兄弟姐妹——不是因为他们太棒了，而是因为他们存在于你的生活中，是你的一部分。而伴侣和你有着更深刻的联系，请找到你们之间的联系并精心培育。

离婚的代价

离婚的破坏性比大多数离婚的人认为的还要更大。当“离婚无罪”的风潮到来时，它被誉为一种解决不合关系的简捷方案。然而，今天数不清的离婚的父母和他们的子女描绘的却是一幅截然不同的画面：离婚带来的心理创伤和无休止的情绪波折。

离婚的影响是永久性的。在实际分离多年后，因为父母没有足够动力坚持婚姻成为幸福伴侣，孩子们会仍然活在情感的创伤中。一部分得到子女监护权的女性离婚后不仅感到痛苦、压力重重，而且生活水平下降了。虽然大家都认为离婚会让伴侣双方在情感上得到释放，但其实更多时候它会让分离的伴侣双方被愤怒、绝望、孤独和对重新投入爱情的恐惧等情绪束缚多年。

成为对的伴侣，从而让伴侣再次成为自己对的另一半——这远比离婚更能带来成长和满足感。许多人常常认为改变自己比一走了之更难，但在许多情况下，改变自己其实比离婚更容易，而且能带给你更多收获。与其改变外部世界，不如改变自己的内心世界，但不要觉得你一次就能完成巨大的改变。如果你现在对你的婚姻不满，你就不可能想象出自己会有其他什么感受。但是在你真正尝试做出改变之前请不要放弃。从细微的内心变化出发，比如今天对伴侣说一句赞美的话，一句积极且充满爱意的话。从小处着手，敞开心扉接受结果。根据这本书前面讨论的指导原则，当你重新建立善意后，你将有充足的时间和机会要求对方做出改变。不过现在请先试着成为你理想中的伴侣。朝这个方向迈出的一小步可能是你为自己、伴侣和婚姻做的最好的事。

文化价值观

通往幸福真正的途径是令人满意的人际关系。作为个体，我们当中许多人都明白这一点。但很多时候我们无法营造出一种鼓励爱情的文化氛围。相反，我们必须在一个爱情服从于“成功”的社会中努力营造幸福关系。心理学家曾如是说道：

> 虽然我们对爱情有着根深蒂固的渴望，但我们认为所有其他事物几乎都比爱情更重要：成功、声望、金钱、权力——我们几乎把所有的精力都用于学习如何实现这些目标，却几乎没有花费半点儿精力学习爱的艺术。

弗洛伊德第一个指出，每一个健康的人生都需要在工作和亲密关系之间取得平衡。

心理学家指出：

> 人们正以前所未有的规模积累财富。但我们中很少有人能够和自己和睦相处，在人际关系中感到安全，因为爱而感到满足，或在世界上感到自在。我们大多数人迫切地需要了解生命的意义，需要获得赖以生存的价值观，需要拥有爱和关系。

如何应对不利于幸福婚姻发展的文化价值观

幸福伴侣没有坐以待毙，他们意识到，牺牲令人满意的爱情得到的成就和物质上的丰富并不是真正的丰富，只是空虚的掩饰。他们知道真正的成功是掌控自己的生活，能够做自己真正想做的事情，为爱人的幸福提供支持。

在当今时代，我们有无限的机会去提高婚姻质量，但婚姻也面临着众多社会因素带来的巨大挑战。比起以前，我们对爱情有了更全面的认识，也有了更多资源来实现它。

幸福伴侣不会浪费精力抱怨世界当前的状态。他们中的大多数人都在积极努力地创造一个更美好的世界，不让外部压力阻碍他们获得幸福。

如果你确定阻碍自己的婚姻获得幸福的因素与外部压力有关，那么你应该集中精力找到克服这些问题的方法，从而获得幸福。因为它们不太可能很快就消失不见。这可能需要你创造性地解决问题，也可能意味着你必须做出重大的改变。如果你的家庭需要两份收入，但你找不到合适的托儿所，而你的工作场所不允许你兼职或弹性工作，那么你们当中有一个人也许需要换一份工作，也许你们需要搬家，也许你们需要组织开设一个日托中心或说服公司自办托儿所。

如果你面临着经济压力，你可能就需要强迫自己找到缩减开支的创造性方法。迈耶和我曾经带着我们的儿子在全国范围内进行了一次汽车露营旅行。按照预算，我们每人每天只能在食物上花七块钱。这迫使我们发挥创造力，我们把这次旅行视为一场比赛，并对自己的成功感到非常满意。

如果你的工作安排太满或让你不满意，不要等待，采取行动。考虑平衡工作与家庭的关系，选择能让你有更多高质量时间陪伴家人的工作。

我在这里强调的重点不是暗示解决外部压力很容易，而是提醒你，社会问题不会自动消失。如果你处于这种社会压力的影响下，又想拥有更幸福的婚姻，那么你就必须变得积极主动，改变自己对社会问题的回应。否则，你就只能任由这些压力继续压垮你。这是你仅有的两种选择。

世界并不完美，但尽管如此，你仍然可以拥有自己的完美婚姻。除了对幸福婚姻的渴望、信念和承诺，这本书提到的伴侣并没有什么其他的特别之处。如果他们能做到，那么你也可以。

冷　漠

幸福婚姻最大的敌人是冷漠和拖延。

你可能觉得某些事情有点儿不对劲，但你选择忽略它或把它抛到脑后。你可能发现自己向朋友抱怨伴侣，但你从未听从他们的建议采取任何行动。你承诺自己会和伴侣聊聊，但你永远都不会这样做。你知道自己想要和伴侣共度更多时光，但日程安排的压力让你永远都没有时间。

和伴侣谈谈吧。留出相处的时光。鼓起勇气告诉伴侣你想要什么。因为如果你不给自己的婚姻带来正能量，还有谁会呢？如果现在不行动，什么时候行动呢？如果你有足够的动力，你就不会在通往幸福婚姻的路上遇到无法克服的障碍。如果你有足够的渴望，你就没有理由不会成为这本书中形容的那种幸福伴侣。

两个平等、亲密和彼此承诺的人之间的浪漫爱情是一个实验。现在消息已经传开了：这个实验有成功的可能性，许多幸福伴侣已经利用浪漫爱情的潜力获得深刻而长久的亲密感。如果你还不是其中一员，我希望这本书能够激励你成为他们中的一员。

如果你还没有做这本书中建议的任何实验，请试试最后这个实验。只需一点儿时间，你们就能打开幸福的大门。

实验 31　让伴侣感受到你的爱意

询问彼此："我需要做什么才能让你感受到我的爱意？"双方都诚实地做出回答，然后真正付诸实践，为伴侣做一些让他 / 她感受到爱意的事情。

你们的婚姻是让你丰富生活内涵的大好机会。两个人之间的伟大爱情会改变你们，然后超越你们，影响你们接触的每个人。你们之间的爱情越深厚、越富有激情，你们就会越关心其他人和我们居住的世界。**爱是治愈世界弊病的开始，爱也是一切的最终目的。**在这个星球上，还有什么比爱更伟大呢，还有什么比爱更能让我们不再关心如何摧毁对方，而是关心如何深化和丰富对所有人——对彼此，对我们赖以生存的地球的爱的体验呢？

把自己的婚姻变成一段幸福的浪漫爱情关系，是你为这个星球的转变做出的贡献。为了你自己和你身边的每一个人，赶快想想伴侣身上令你欣赏的品质吧。花点儿时间表达你从未表达过的爱意，主动为伴侣提供帮助，想一些有趣的惊喜。享受彼此当下的陪伴吧，因为时光永远不会倒流。祝你在接下来的许多许多年里都能拥有充实的爱。